마콤

신동재
1987년 태어나 울산, 부산에서 자랐다.
경인교육대학교 졸업, 연세대학교 국어국문학과에서 박사 학위를 취득했다.
2021년 『현대시』를 통해 시인으로 등단했다.
시집 『마콤』을 썼다.

파란시선 0170 마콤

1판 1쇄 펴낸날 2025년 12월 15일
지은이 신동재
인쇄인 (주)두경 정지오
디자인 이다경
펴낸이 채상우
펴낸곳 (주)함께하는출판그룹파란
등록번호 제2015-000068호
등록일자 2015년 9월 15일
주소 (10387) 경기도 고양시 일산서구 중앙로 1455 대우시티프라자 B1 202-1호
전화 031-919-4288
팩스 031-919-4287
모바일팩스 0504-441-3439
이메일 bookparan2015@hanmail.net

ⓒ신동재, 2025, printed in Seoul, Korea

ISBN 979-11-94799-20-7 03810

값 12,000원

*이 책 내용의 전부 또는 일부를 재사용하려면 반드시 저작권자와 (주)함께하는출판그룹파란 양측의 동의를 받아야 합니다.
*잘못된 책은 바꾸어 드립니다.
*지은이와의 협의 하에 인지는 생략합니다.

마콤

신동재 시집

시인의 말

안은 병들고 아픈데
밖은 건강해 보인다
병원에서 학교에서 광장에서 생각했다

불일치를 말하는 건 버거웠다
언행의 불일치
내용과 형식의 불일치
인격의 불일치

나는 시 속에서 꿰매진다
고 믿었다

솔기들은 금방 뜯어졌다
온갖 불일치가 다시 쏟아져 나왔다

겉은 다듬을 수 있었지만
속은 자꾸 흘러내렸다

나는 균열 중인 집이었다

2025년 10월
신동재

차례

시인의 말

제1부
올라 – 11
총기 허용 국가 – 15
닦아 내기 – 18
V – 22
기후(岐阜) – 25
네 안의 네안데르탈 – 28
화신과 허션 – 32
도전과 응전 – 34
제너레이터 – 36
홉스 – 38

제2부
소파(小波) – 43
개운죽 키우기 – 46
켤레 – 50
공간력 – 54
카라다노 구아이가 와루이 – 56
6163 – 59
교과서 낭송가—2037 – 62
기믹 – 66
튤립 피버 – 68
한 방 같은 건 필요 없어요 – 70

제3부

선생님의 토도 – 75

마콤 – 78

내용 + 형식―I assuage my pain with great aplomb – 80

키 큰 사람 – 82

열기 – 84

De Jong – 86

동(童)과 시(詩) – 89

하는 척하기 – 90

난 바스마티 라이스, 치킨 마크니도 같이 – 94

소릉(昭陵) – 96

제4부

이다 – 101

10년 동안 전쟁에서 겪은 일을 기록한 글 – 102

보레알로펠타 – 104

비급(祕笈) – 108

더미 – 110

하이버네이션 – 112

저격수의 거리 – 115

저구루 – 118

404 낫 파운드 – 120

于尸山國 – 122

제5부

산 – 127

이집트 탈출기 – 130
사운드 스케이프 – 132
오디에이션 – 134
어드헤시브 – 138
노바 젤란디아 – 140
서하에 대하여 – 142
에베소의 바울 – 144
'풍요로움'에 대한 비블리오그래피 – 146
Monk's House – 151

해설
정과리 지식의 간섭 무늬들과 의미 생산지의 개간 – 154

제1부

올라

생수병이 책상에 반듯하게 서 있다
그런 일관성이 마음에 들었다

믿을 만하다는 말을 듣고 싶어
오후에는 열심히 자판을 두드렸다
엔터 키를 칠수록 문서가 올라갔다
위쪽에 붓고 싶은 말이 많았다

뭣 때문에 그것을 올라가게 하는지
갑자기 떨어지게 하는지

어제저녁에는
옷을 갈아입지 못한 채 잠들어 버렸다
우울한 기분이 들었다
모두 사라졌으면 했다

형광등 불빛을 외면하며
두 눈을 감았다

꿈에

돌아가신 분이 나타났다
위쪽에 계실 분이 어떻게?

그 사람은 생전에 50년 동안
이웃에게 자신의 돈, 시간을 내놓았다
너무 일관돼서
모두가 그를 믿을 만하다고 말했다
나도 그중에 한 명이었다

Has Jubilee just started?

거기서 답을 얻으셨나요?

떠나시려고 하는데
선뜻 놓아 드리지 못했다
나는 사후에 대해 믿는 바만 있고 아는 바가 없지만
올라가는 거라고 생각했다
그때는 위에 할 말이 더 많아질 거라 믿었다
그의 말은 희미한데 알아들을 수 있었다

죽었지만 살아 있는 사람들은
산 사람을 행복하게 한다

나도 올라가요 우리 또 봅시다

소리들이 위로 올라갔다
떨어뜨릴 수는 있어도 추락시킬 수는 없었다

서서 병째 물을 들이켰다

이렇게 욕심이 들끓고 나밖에 모르는 사람도
종종 착한 일을 했다
그 사람은 아이히만만큼 평범하다

악의 평범성 말고 선의 평범성
그런 일은 위로 올라간다

딱딱한 사무용 의자에 앉아서

문서를 메일에 첨부했다

― 올라갈 시간이 다 되었다

*올라(olah): 히브리어. 번제(燔祭).

총기 허용 국가

너의 복셓에 원힌에 찬 문구가 빼곡합니다
숨이 끊어질 총상마냥 덜렁거리죠

이곳은 총기 허용 국가입니다
나는 정말로 괜찮은 리볼버 하나를 차고 있어요

.357 매그넘 6발을 장전해 놓고
이 동네에서 덩치 큰 경찰관들이 볼 수 있게 엉덩이에 꽂고 다녔어요

그 엉덩이는 발사될 듯이 위태로워요

행인의 목젖이 흥분해서 날뛰어 대면 그때는 자신의 속을 열어 사실을 말해 줄 겁니다

그렇지요
이 동네에서 내가 가장 잘나가지요

오늘따라 리볼버가 아주 반짝거립니다
너무 눈부셔서 행인들이 눈두덩을 마구 비비지요

손이 허리로 갈 때면 앞으로 날아갈 것 같은 짜릿함을 느껴요

　비로소 나는 나를 붙들 수 없다는 걸 알아요
　발사된 총알을 붙잡지 못하듯

　그러나 엉덩이는 너덜거리고 빛이 불길하게 떨리기 시작했습니다
　아직 가 보지 않은 시간으로 쉽게 움직이는 시침같이

　불현듯 우리 동네의 모든 불빛이 한꺼번에 꺼집니다

　마침내 어쩌죠?

　벌써 .357 매그넘이 날아가 버렸어요
　아주 곧고 날렵하고 정확하게

　날아가 버렸어요
　이곳은 총기 허용 국가인걸요

나의 망설임도 날아가 버렸죠
딱 총기만큼 나도 허용받을 수 있으면 좋을 텐데

내 리볼버에 연기만 자욱합니다
나는 거침없이 날아갑니다

올라오는 연기를 더듬으며 저 목젖이 덜렁거린다 되뇝니다
나의 검지가 입맛을 다시듯 까닥거리고 있어요

시름시름 앓고 있는 줄 알았는데 정정합니다

아무도 나를 막을 수 없을 겁니다
이곳은 총기 허용 국가이니까

닦아 내기

―
설거짓거리가 쌓인 개수대를 쳐다보다
사정없이 닦이고 싶다고 생각했어
새롭게 시작할 수 있을 것 같아서

JAMS에서 논문 초록 고치는 걸 깜박했다
'마침내'라는 말이 두 번 들어갔다

마침내 마침내
              나는 개조한다

거품을 닦았어야 했는데

찻잔에서 퐁퐁 맛이 났다
이번 논문엔 이본(異本)이 많다는 생각

어딘가 정본이 있겠다는 생각

바꿨는데 실수했다는 불안감과
확신

―

방금 전 2010년대 유행곡이 나왔다

'역사 저널 그날'이 갑자기 종영됐다
한 시대가 끝난 것 같았다

시대 앞에서 시계를 만지는 사람
시대를 시계처럼 찬 사람

논문이 뜨거운 순간이 있었다
총소리가 들려오는 곳에 대해 쓸 때면 팔목이 더 뜨거웠다

군사분계선 위로
수백 개의 오물 풍선이 떠다녔다

단 삼십 분 만에
자를 대고서 반듯하게 그은 시대가
80년을 오고 있다

저렇게 뜬 채로

11시 59분에서 다음 날이 오지 않는 기분
끝날 것 같았던 일이 다시 시작되고 있다
또
사나운 이웃이 풍선을 날렸다는 문자가 온다
 연안, 배천, 개풍, 개성, 장풍, 철원, 평강, 김화, 창도, 금강, 고성······.
 인용할 수 없는 도시들이 많다
 는 것이 한국인 연구자의 설움

이 논문은 왜 평론 같냐
한 선생님이 얘기했지만

논문이 때로는 평론적이어야 하는 거 아닌가
한 시대에 대한 평론

생각들이 머릿속에 오물처럼 떨어졌다
내려앉은 형체들이 논문의 초록이 됐다

논문을 쓰는 일은 그릇 닦는 것 같아
너저분하게 쌓인 책들이 지저분한 접시를 닮았다

용기는 없지만 저질러 봐야 직성이 풀려서
장갑 낀 손을 개수대에 집어넣는다

V

네가 내 앞에 V 자를 들이민다
중지를 잡을래 검지를 잡을래
덜 아픈 쪽을 잡아야 할 것 같다

너는 나를 맹렬하게 휘두른다
유스타키오관에 푸가가 울려 퍼지는 듯해

주위의 친구들이 너를 찍어 내린다
오르간 연주를 지켜볼수록 목이 조여 온다

귀에 웅웅대는 계이름이 많아지고 너는 손바닥을 쥐었다
슈미더처럼 번호를 붙여 둔다
이 기억은 화음이 될 것 같아서

16분음표들은 갓 쓰인 것처럼 이글이글 타오르고 있다
어떤 친구와 합쳐질지 몰라 아직 제자리에 서 있었다

슈미더는 말했다 '음에게는 선택권이 없다'고
그가 평생 음악을 공부한 동기

너는 나를 구석으로 몬다
눈앞으로 검지와 중지가 육박한다
내 얼굴이 기화되고 있는 것 같다

이지러진 음(音)이 맴돌고 있다
어느 틈 속에 끼어야 할지 몰라 그랬어
알잖니? 나는 이렇게 미숙해
너의 뜻대로 마냥 앉아 있었지

화장실에서 세수를 한다 틀린 선택을 한 것 같다

주위를 둘러싼 친구들
나는
목을 스스로 감싼다 감쌌다기보다는
조이는

용기를 내 거울을 응시했지만 너는 내게 V자만 보여 준다
우리는 일제히 하늘로 올라가고 있다

나는 지금도 이마가 뜨겁다

너는 내게 자기 이름을 말한다
이름을 먼저 밝히고 너를 패 줄걸 그랬어
이미 모든 넘버링이 끝난 것 같지만

기후(岐阜)

히나 산맥의 산들은 높고 험준합니다
내륙 지방이란 이런 것입니다

산들로 둘러싸인 이곳은 덥고 분명합니다
15년을 살아도 여행지 같은 이 지역은

우리는 내지어(內地語)를 잘하고
이곳에서의 삶에 익숙합니다

파친코를 운영하던 아버지는
경우의 수 같은 건 개의치 않습니다

한 아주머니가 뒷자리에 아이를 태우고
자전거를 타고 가고 있습니다

나는 매일 아침 그들을 봅니다
역시 그곳으로 갈 것 같습니다

데모
와카라나이요 보쿠노 미치와

아주머니와 아이는 역시
그곳으로 간 것 같습니다
탁탁 두 번 부딪치는 손뼉

문득 나는 텁텁한 공기를 견뎌야겠다 생각합니다

아버지는 내게 바다 건너
고향이 있다고 했습니다

한 번도 가 보지 못한 곳에
기대 같은 것은 없습니다

고향? 그런 것보다는
자전거가 앞으로 간다는 것을 믿었습니다
내가 잘 밟기만 한다면

소시테

튼튼한 나무 의자에 앉아

이곳 동네를 눈에 익혀 봅니다

확실한 이 여름이 끝나고
결코 사그라지지 않는 더위이고 싶다고 생각했습니다

네 안의 네안데르탈

운하 옆 레스토랑에서 감자튀김을 먹었죠
감자튀김이 크고 두껍습니다
계속 보니 사람 같아 보였죠 너는 왼손으로 뱃살을 쥐었어요
3년간 먹은 야식이 거기 차 있죠 괜히 감자튀김 몇 개를 남겼어요
감자튀김이 악마같이 보이기 시작했습니다

A senior at work told me
"You are getting belly fat"

네가 직장에서 겪었던 일을 듣던 현지인 친구의 얼굴 모서리가 으깨져 있습니다
접시 구석에 놓인 큰 감자튀김같이

한 식당 종업원이 네게 너희 나라말을 해 보라고 했어요
빨간 풍선처럼 부푼 볼을 시시덕거리며

무응답으로 답하는 것은 고통스럽죠
뱃살이 심하게 꿀렁거렸어요

"살을 찌우려고 태어난 악마 같은 자식"
Hey man, This is Korean language

너는 눈을 홉뜨고서 빵빵하던 종업원을 멀리 보내 버렸어요
네가 적을 만드는 몹시나 쉬운 요령

No offence, but it was not my type

너는 어떤 사람이든 머릿속에서 나쁘게 만드는 습관이 있었죠
'악마화'도 취미로 볼 수 있다면 그건 네 취미였죠
네 세계에서는 아파트 문만 나서면 악마들이 횡행하죠

너는 구마 의식을 하듯
미움과 고함을 지르며 달렸죠

최후의 순간은 이렇게 올 것이라고 확신하며

너는 이 상태로 네가 거리에 나선다면 싸움을 하든 사랑을

하든
　금방 최후의 순간을 맞겠다 직감했어요

　눈 뒤집힌 감자튀김도 돌을 쥔 채로 너를 치러 오겠죠

　직장에서 집 앞까지
　걸어오는 내내

　너는 배에 힘을 잔뜩 주었어요

　현지인 친구는 운하를 보며 케첩을 묻혔죠

　문화란 살진 것들의 또 다른 이름이야
　너희는 찬찬히 살펴보았어요

　마침 지나가는 키가 큰 더치맨
　그의 얼굴보다 굵은 튤립 구근
　마침 지나가는 보트 위의 사람들과 맥주
　마침 콸콸 쏟아지는 암스텔캔
　마침 입안으로 들어가는 청어

마침 비리지 않은 신선한 기분

떨어진 케첩을 다시 채웠어요
종업원이 빵빵하게 넣어 왔죠

살이 올라 보기 더 좋다는
네 외모에 대한 여러 품평들이 소란거렸어요

너는 중국에서 왔니?
라는 빈정대는 말도

너는 그 모든 것들을 찍어 먹어 버렸어요
풀리면서 늘어지는
친애하는 네 뱃살로

*비만을 일으키는 유전자는 네안데르탈인에게서 왔다고 한다.

화신과 허션

　화신과 허션이 걷는다 세게 부딪친다 서로 눈치만 살핀다 화신은 허리를 숙여 인사하고 허션은 삼배구고두례를 한다 화신은 21세기 사람이고 허션은 18세기 사람이다 만날 수 없는 두 사람이 만나고 있다 만날 수 없는데 부딪치고 눈치까지 살피고 있다 고개를 숙여야 칼날을 피할 수 있지 화신과 허션이 서로를 극진하게 대우한 까닭

　화신'들'은 복수이고 허션은 단수이다 화신은 보통명사이고 허션은 고유명사이다 질투의 화신, 물욕의 화신, 권력의 화신, 그 숫자만 세는 숫자의 화신도 있다 그 모든 것을 합친 것보다 많은 재물을 모은 이가 허션이었다 허션의 성(姓)은 니오후루다 니오후루는 만주어로 늑대이다 그는 태어날 때부터 늑대로 불렸다 온통 늑대들이 횡행한다 21세기 한국이든 18세기 청나라든

　화신은 허션에서 나왔다 화신이 허션에서 나왔다는 것을 아는 화신은 많지 않다 방금 그 말을 들은 화신은 표정 하나 바뀌지 않고 덤덤하다 화신들은 자신이 화신인지 모르기 때문이다 허션은 48세에 목을 매 죽었다 가경제가 허션의 재산을 몰수했더니 청나라 총예산의 12년 치였다 12년 치가 있어도 만족할 수 없는 사람 그 정도는 되어야 늑대라 불릴 수 있다 늑대들은 어느새 황제처럼 변해 있다 화신을 뺏고

싶다 뺏을 수 없지만 뺏고 싶어 하는 뺏음의 화신이 방금 출현했다

도전과 응전

一 　문이 열린다
　플랫폼에 서 있던 승객들이 전철 안으로 몸을 욱여넣는다
　밀려나는 사람들이 비칠거린다
　아찔해 보이는데 쓰러지지 않는다 서가에 꽂혀 있는 책처럼 힘을 준다
　위태롭지만
　안심이 된다 너무 빽빽한 탓에 닫힌 문이 터지고 사람들이 쏟아졌다는 말은 들어 보지 못해서

　나의 이어폰에서는 김요한 목사의 바이블클래스가 나오고 있다
　선지자처럼 서 있으려고 했는데
　차가 급정거할 때 사람들과 일제히 휩쓸려 버린다
　기관사가 천천히 시를 읽는다

　풀이 눕는다
　바람 부는 대로 몰아치는 대로
　누워 버린다

二 　다시 문이 열린다 비집고 들어올 자리가 천장에도 없다

바람도 들어오는 것을 포기한다 여기는 너무 덥다

　옆 나라가 우리나라에 경제 보복을 했다
　뉴스를 들을수록 측두엽이 몹시 뜨겁다
　비켜서지 않았더니 보복을 했다
　쏠리는 통에 기우뚱거렸는데 난데없이 손잡이가 내 뺨을 때렸다
　얼마나 내 측면을 더 후끈거리게 하고 싶은 것일까

　차가 급정거한다
　옆 사람의 귀가 나의 귀와 포개진다 맑고 깨끗하던 소리들이 산란된다
　귀가 먹어 버린 것처럼 오로지 보는 것만 믿고 있다

제너레이터

―

　옛 6학년 제자가 세상을 떠났다는 연락을 받았다

　가속페달을 세게 밟았다

　갑자기 핸들이 굳었다
　이렇게 경직돼 버린 건 무엇이 아픈 탓인 걸까

　자동차의 앞 유리는 미울 만큼 감정이 없어 보였다
　내가 투명한 사람을 어렵게 여기는 까닭

　길가에 차를 세우고 긴급 출동을 부른다
　출동 요원이 보닛을 열어 보더니 제너레이터가 고장 났다고 했다

　그게 무슨 뜻인지 물어봤다

　<u>스스로</u> 살아날 수 없게 된 것

　그건 너무 맑은 설명인 듯해요

―

출동 요원이 5분 만에 제너레이터를 교체해 줬다

앞 유리를 쳐다보니
창백한 봄바람이 달라붙고 있었다

과속 단속 카메라 앞에서 속도를 낮추고

7년 전 제자와 나눴던 온기로
그 기운을 몰아낸다

장례식장을 나오며
제자들이 모두 살아 있기를 기도했다

갑자기 시력이 좋아져
앞 유리 너머로 카톡 메시지들이 날아다니는 모습이 보였다

"나는 살아 있……"

홉스

카페에서 앞사람의 뒤통수를 본다 앞사람이 랩톱 자판을 두드리는 것 같다 자박자박 발을 구르며 혼잣말을 쓰는 것 같다 모음과 자음의 뒤통수가 번갈아 보이는 기분 일기가 동화가 되어 구가된다 앞사람의 혀가 뒤엉켰다

    오는 길에
    앞서가던 차를 봤다
    부릅뜬 후미등이 이쪽을 노려보고 있었다
    도장을 찍어 주고 싶었다
    돌아볼 엄두를 내기 전에
    납작하게 만들어 버려야지

이 차 안에서 무엇이 가장 육중할까요
앞 운전자가 뒤를 보는데 나는 내처 앞질러 버린다
마지막으로 나를 반추한 것이 언제였던가
일부러 쳐다보지 않는데
그 차가 나를 망치로 찍으러 오는 것 같다

어떻게 왔는지 아무런 기억이 없다
뒷머리를 자꾸 만져 본다

함몰된 곳은 없는데

 단체석에서 박장대소하던 아저씨가 아줌마의 뒤통수를 쳐다본다
 공부하고 있는 앞사람의 흐벅진 눈빛도 보아 주었으면
 돌아보는 방법을 알려 주고 싶었는데 그들 눈 속에 나는 온데간데없이 보이지 않는다

 평평한 자판의 버튼
 앞사람의 납작한 뒤통수
 짜부가 된 자동차들
 앞사람의 등이 떨어지고 있다
 그 등은 너무 정직하다 매달려 있기 부담스럽게
 아저씨와 아줌마는 김이 빠진 표정이다
 그들의 등은 입술보다 솔직하다

 꽉 막힌 도로에서 적색 신호등이 바뀌지 않는다
 다들 쪼그려 앉아 한 방향을 바라본다는 것은
 얼마나
 우직하기만 한 사건인가

― 늘어져 있는 형상들이 만건곤하다

앞사람이 고개를 끄덕이고 있다면
나는 그의 등에 피켈을 박고는
거짓말처럼 올라가도록 하겠습니다
뜻이 무엇인지 판단하지 말고
속았다는 것을 알아도 내색하지는 마십시오
아무런 소음이 없게 천천히 자판을 치세요

앞사람은 자기 앞에 앉은 사람의 뒤통수를
그 앞에 앉은 사람은 다시 그 앞에 앉은 사람의

―

제2부

소파(小波)

마음이 슬플 땐

근사한 레스토랑에서
먹는 한 끼처럼 느려지고 싶다

급하게 먹는 건 피하려고 했다
그럼에도
세상에서 나는 몹시 급한 사람
나는 나를
가장 채근하는 사람

삼십 대 후반이 될수록
갑작스러운 모험이 꺼려졌다

내일은 아쿠아리움에서 물고기를 구경할 것이고
지방간을 줄이려 운동을 할 것이고

그저
소소한 사건들

이길 수 없을 것 같을 땐
왜소해져야겠다고 다짐했다

계란으로 바위 치지 말라는데
그런 얘기를 하는
주둥이를 간질일까 생각했다
세상에서 가장 왜소한 손으로

서예 시간 때 화선지에 먹을 뿌린 적이 있었다

먹으로 칠갑이 된 화선지를 주워서 버리는데
'더럽혀도 순수하다'
'더럽혀도 천사이다'
말린 종이 속에서 소리가 들려왔다

그 뻔뻔함에 화가 났다면
내 감정은 화선지에게 진 것이다

친구 손에 들린 탕후루가
'군침 금지' 하고 녹아 버렸다

네가 먹어야 할 것을 개미와 나눠 먹지 말 것
이미 그런 것이라면
슬퍼할 수만 없으니
근사한 식당을 다시 예약할 것

'순수'라는 말을 좋아하지 않지만
그건 순수라고 부를 수 있었다

예약이 다 차서 어렵다고
냉정하게 전화를 끊으려는 직원에게

"잠시만…"이라고 말했다
그다음에 무슨 말을 해야 할지
나의 머릿속은 가장 순수하다

개운죽 키우기

*

언니가 개운죽을 키운다 이 개운죽은 수경재배다
언니가 유리 볼 속에 물을 들이붓는다 물소리가 끝나지 않는다
욕조 안에서 발장구를 친다
발끝으로 천장을 겨눈다
다 적시지도 못할 거면서 왜 잔뜩 넣어 놓은 거야
돌보지 않으면서 돌본다고 믿는다
유리 볼을 발로 찬다
유리 볼에서 물이 넘친다

*

아빠, 우리는 어째서 격동하는 웅덩이가 되어야 했나요

*

물 안에 비친 우리 모습을 본다
우리는 해 보고 싶은 것이 많다

가지각색 빈 통들도 속을 채우고 싶어 두 발을 구르고 있다
  마디가 끼인다 여기는 머무르기에 너무 비좁다
  우리가 쏘았던 물줄기도 터진 입술을 짓씹으며 줄기 너머로 날아간다
  선생님이 사진 찍어 오라 했어 언니가 수면에 닿을 듯이 렌즈를 들이민다
  물 튀는 소리도 인화해 백지에 붙인다
  네일바디가 묵직해지도록 세게 누른다
  딱풀 한가운데가 파이고 있다

                *

  잠겨 있던 수도꼭지를 틀어 놓는다 언니 방금 나의 꿈을 표현해 보았어
  잠시 지켜보는 것도 좋지 않을까 화장실을 다 덮어 버릴지도 모르니까
  딱풀을 바를수록 욕조에 밀착한다
  다 컸나 봐 이제 모성애라는 꽃말이 아른대는 것을 보니
  물속에 나풀거리는 발가락
  언니는 물속에서 졸고 있던 나를 데리고 밖으로 나간다

우리는 천장에 아른거리는 무늬를 응시한다
　관찰 일지를 적을 시간이 자꾸만 기다려져 멋진 순간을 포착했지
　우리는 문 앞에서 깔깔댄다 아빠가 어깨를 두들겨 준다
　타일에 있는 무늬는 규칙을 찾기 어렵다

*

청계천에서 큰 스프링을 본 적이 있어
'개구리 뒷다리' 말하며 포즈를 취했다
　언니와 나는 그 앞에서 폴짝 뛰었어 한 뼘 정도 쭉 늘어났다
　어떤 컷은 우리 팔이 잘려 있었다 기를 쓰고 직사각형 밖으로 뛰쳐나가 보려고
　천변에 뒹구는 갈대 풀로 만든 움집을 상상했다
　집 앞에다 커다란 트램펄린을 두고 뜀뛰는 것을 속으로 그려 봤다
　다리 펴고 자는 날보다 웅크렸던 날이 많았지만 이제는
　아빠가 그러던데 흠집이 없고 일관되게 녹색을 띠는 것이 좋대 아빠 선생님이잖아
　저 자상은 언제 생긴 흉터일까

라인을 넘으면 다치는 것일까

숨 참기를 하면 할수록 장래 희망이 떠올랐다

언니가 사진을 찍다가 말한다 역시 직사광선은 피하는 것이 좋아

물속의 사물이 선명하게 보이도록 우리는 일직선으로 튀어오른다

바깥세상에 있던 팔이 다시 안쪽 세상으로 들어온다

켤레

입속에 머금고 있는 맥주는 네덜란드산(産)이다
목구멍을 넘어갈 때는 인도네시아산이 되었지만

*

   핸드폰으로 듀얼 화면을 본다 천장에는 조명들이 돌아가고 무대에서는 가수가 고음 파트에서 왼쪽 주먹을 쥔다 보라색이었다가 노란색이 된다 천사의 사다리가 하늘에 닿는 것과 사탄이 번개처럼 떨어지는 것을 보듯 관객들은 읊조린다 *우리를 들어 올리지 못하는 노래라면 아래로 꺼져 버려라* 안면의 좌우를 포지하는 렌즈와 점점 이마까지 차오르는 격한 기분, 공연 리플릿에는 나와 있지 않던 음역이 전면에 들어차 있다 노래를 들을수록 돌이 발등을 내리찍는 느낌이 들었다 쫙 하면서 반으로 갈라진다 반은 사각형이고 반은 활형이다 관객들은 기립해 손뼉을 친다 화면 모퉁이에 다음 영상이 떠 있다 모서리 정도는 내줘도 좋다 화면이 내게 울퉁불퉁한 비위를 건네줬다 뒤집어도 노래가 떨어지지 않았다

*

남자 초등학생이 뛰어가고 있다 돌파하고서 때린 슛이 골대를 갈라 버린다 깨어 있어야 해 안 그러면 멍이 들 것 같으니 구석에 작은 상자가 생겼다 나는 굴러가지 못하는 사람이야 뒤로 가기를 누르지 못해 이것을 증후군이라고 불러야 하는지 다음 귀퉁이가 알려 주겠지 나는 전범이야 옳고 그름을 나누는 선이 명확해서 왼눈과 오른눈에도 다른 색깔의 피가 흐르도록 제작됐지 어떤 색인지는 밝혀 주고 싶었지만 결코 들키고 싶지는 않았다 입을 다문다 판정을 받지 않고 살아온 이유는 무엇이었니 말하기도 전에 목이 쉬어 버렸다 집으로 가는 버스가 정류장에 들어온다 광경의 왼편은 보라색으로 오른편은 노란색으로 떨린다 골대가 흔들리는 것은 식상한데 사람들은 골대가 흔들릴 때마다 환호한다 내 눈덩이에 아주 선명하게 피멍이 들었다

*

　피멍을 달래 준다면 갈라진 과거의 일은 삼켜 버릴 것이다

*

어느 쪽이 위인지 알 수 없다
거꾸로 매단다면 검은 것은 역류하겠지만
노래를 부르며 주먹을 쥐었다

*

들숨과 날숨은 너무 무거워서 목울대의 한가운데에 멈춰 선다
눈을 질끈 감고 목울대를 찢어 공기를 모두 떠나보냈다
해리 현상을 앓는 것처럼 목구멍을 끙끙댔다
머리를 휘돌리면서 보면대를 붙잡는다 익숙한 것같이 위를 쳐다본다
그리고 허리가 잘록해져 있다 파스칼의 공처럼 힘을 줘도 터지지 않는다
속이 훤히 보이는 유리창이 되고 있다
고음역을 내지 않고도 볼 수 있다면 기꺼이 다음 모퉁이가 될 것이다
손아귀에 힘을 준다 남아 있는 맥주를 송두리째 알루미늄 양동이에 붓는다
모든 거품이 2의 배수로 묶인다 가죽 벨트가 냅다 위를 죈다

우리는 분수가 아닌가 상체와 하체로 된
　그리고 석촌호수를 뛴다 서호의 호(呼)였다가 동호의 흡(吸)이 된다
　풍경을 문지르고 있다 우리의 내면을 사진으로 찍어 놓은 것 같다
　내면에서 소리가 생기지 않는다
　서로 털어놓을 소회는 많은데 고운 가루만 날리고 있다
　나는 맛보고 너는 삼켰다

*사탄이 번개처럼 떨어지는 것: 르네 지라르, 『나는 사탄이 번개처럼 떨어지는 것을 본다』, 김진식 역, 문학과지성사, 2004.

공간력

一

　나병창이 체육공원에서 벤치프레스를 하고 있다 류수지는 카키색 야상을 걸치고 한강변을 달리고 있다 에어팟에서 흘러나오는 Lee Youngji의 킬링버스 감미롭다 미세먼지가 양평을 뒤덮었다 어떤 트랙은 제목만 있고 노래가 없었다 2000년대 유행어로 '냉무' 아무것도 없다

　고2 때 나병창은 맨 앞자리에 앉았다 강도열이 나병창의 뺨을 쳤다 때렸다는 행동은 있는데 까닭이 없었다 김병재가 류수지에게 고백을 했다 류수지는 우리 학교 짱 강도열의 여자 친구였고 김병재는 그 사실을 몰랐다 열받은 강도열이 김병재를 때렸다 강도열은 양아치지만 류수지에게만큼은 살가웠다 그것조차 나쁘다고 생각하는 것은 나의 절제되지 못한 감정 탓일까? 김병재가 그랬던 것처럼 나도 중1 때 강도열에게 맞은 적이 있었다 전명현은 강도열의 절친이고 양아치지만 선을 지킬 줄은 알았다 강도열이 너무 심하게 행동하면 전명현이 막아 주었다 때로는 걔가 좋은 사람처럼 느껴지기도 했다 그런데 졸업할 때까지 전명현과 말 한마디 나눠 보지 못했다 도준동은 강도열과 전명현 옆을 따라다니는 애였다 어느 날 내게 손가락질을 하며 "쟤 왕따야"라고 말했다 그렇게 말하는 까닭은 냉무 그날 오후 시장 골목에 서서, 집에 가는 도준동을 기다렸다 도준동이 박연

주와 손을 잡고 걸어왔다 박연주는 내가 짝사랑하던 여자애였다 이미 져서 싸울 의지를 잃었다 굴다리 밑으로 뛰어갔는데 거기서 한예지와 마주쳤다 걔는 말은 별로 안 하는데 눈치가 빨랐다 너무 투명해 친해지기가 어려운 아이 다음 날 강도열이 류수지에게 차였다는 소문이 돌았다 전명현이 침착하게 말했다 "힘 빠져 냉무된 거" 아무도 웃지 않았는데 모두 웃고 있었다 입이 귀에 걸릴 것처럼

  방금 도준동이 BMW를 주차하고 카페 '연주네'로 들어갔다 중3 아들도 같이 갔다 졸업하고 나병창이 류수지에게 사귀자고 얘기했는데 류수지가 그러자고 했다 순박한 약골이 좋다고 했다 강도열은 대학을 마치고 양평으로 돌아와 '연주네' 카페 건너편에 횟집을 열었다 아직 날카롭게 지내고 싶은 것 같았다 이 모든 얘기를 한예지가 나에게 알려 주었다 표정이 아닌 속사포 같은 말로 한예지는 나의 와이프이고 우리는 양강섬을 산책한다 와이프가 오늘 직장에서 있었던 일을 얘기했다 구둣발이 눈앞에 임박해 올 때 개미가 그런 기분이겠다 우리는 아이를 낳을 계획이 없다

  나병창과 김병재가 리스트레토를 사러 '연주네'에 간다 류수지가 횟집 앞을 달린다 노래는 그녀를 어디로든 데려다준다 2000년대는 너무 옛날이 되었다

카라다노 구아이가 와루이

─ 선생님
나
이가 빠질 것 같아요

나는 일본 여행을 갔던 적이 있어요

일본에서 돌아오니
쑥 여행에서 뽑혀 버렸네?

모든 걸 당겨 버렸기 때문에

선생님 내 이가
실에 묶여서 울고 있어요

나는
패쓴유어씻벨트에 묶여
두 시간을 다 참으면서
울고
울었어

─

도쿄에서 서울로 날아오며

나는 찢을 수 있다
나는 부술 수 있다
나는 뾰족하고 넓적하게 생긴
울음소리 웃음소리
를

스펙트럼은 병이 아니야
이제 어떤 빛들을 입에서 보여 줄까

너는 이름이 뭐야?
너는 표정이 웃겨
웃으며 빠르게 달린다
줄들의 앞에서 뒤까지

벨트가 찢기고 난리가 났지만

쏙

― 정말로 뽑혀 버렸네?

― *카라다노 구아이가 와루이: 몸 상태가 좋지 않아.

6163

진단평가를 매긴다
매긴다는 말보다 좋은 말이 없나 고민했는데
결국 매기기만 했다

미달 학생 지도 계획서를 내라는 메시지를 받았다
방과후에 남아서 보충 공부를 하면 어떻겠냐고 학부모에게 전화를 했다

학부모가 한사코 싫다고 했다
점수가 0점이라고 얘기했지만 같았다
이 어린이는 끝내 혼자 클 것이므로

교실에는 문 달린 것들이 너무 많다
다시는 안 볼 것처럼 산다는 것은 어떤 걸까

나에게도 보충수업이 필요하다
이제는 어떻게든 스스로 가르쳐야 하지만

6163 자물쇠의 비밀번호 네 자리를 맞추고서
2학년 학생 일지를 꺼낸다

우리에게는
이해할 수 없는 것이 너무 많다
고 끼적였다

구구셈을 모르는 것 같아서
쉬는 시간에 불러 한참 알려 주었다
그 어린이는 내 앞에만 서면 몹시 과묵하다
점점 내 안색이 답답하다는 쪽으로 바뀌면
머리를 긁적거린다
그 어린이가 할 수 있는 가장 적극적인 제스처

아빠는 중국에 있고
엄마는 밤 열한 시가 넘어야 온다고 했다

나는 일지를 넣어 자물쇠로 잠그고
미달 학생 지도 계획서를 공문서로 만들어 상신한다

감히
나를 매긴다면?

*6163: 2022년 전국 초등학교 개수.

교과서 낭송가
—2037

나의 직업은 낭송가예요
정확히 말하면 교과서 낭송가

말 그대로 교실에서 교과서를 낭송하는

나무예요

항상

오늘은 몇 페이지?로 시작해
이번엔 여기까지로 끝내는

쉿소리로 읽기 시작하면
아이들은 하나둘 모자를 눌러쓰고

엎드리기 시작하죠

왜 당장 나를 AI로 갈아 끼우지 않나 모르겠어요

어쩌다 AI만도 못한 것한테

뭘 배우겠다고 아이들은 앉아 있나요

AI도 나보다는 잘 읽을 거예요

나 대신 나무처럼 생긴 AI 스피커가 서서 최대 볼륨으로 교과서를 읽기 시작하면
　오후에는 뿌리째 운동장에 내던져져 있을지도 몰라요

나는 태만하고 조잡한 회사원

사람들은 내가 선 곳을 철밥통이라 불러 대고

그 점이 참 마음에 들었어요
내가 이 일을 선택한 이유

정말 내가 밥 같기도 해요

먹어 치우기도 귀찮고 이제 만지기도 싫은 쉰밥

나는 정말 올해 쉰이에요

친구에게 자꾸 승진 연락이 와요

교감이 됐다 교장이 됐다

전화를 끊으며 얘기해 줬어요

나는 평생 교과서 낭송가로 살겠다고

누가 뭐라고 한 적도 없는데
나는 누구한테 화내고 있나요

이제 볼륨 높이는 것을 못하겠어요

나는 목이 아파 약을 먹죠

누군가 구시렁거리는 소리

나는 세상에서 나를 가장 많이 험담하는 사람

나뭇가지의 형상을 떠올려 봐요
누군가 내 손을 잡아 줬으면 싶어 한없이 뻗었죠

사람들이 나를 보고 불러 줘요
'○○야
오늘의 페이지를 읽어 줘'

기계음 같은 것이 내 속에 있어 깜짝 놀랐습니다

나는 나를 가장 많이 놀라게 합니다

아직 목에서 소리가 나와 다행입니다

기믹

一

    가루약을 갠다 그것을 먹는다 쓴맛이 입천장에 득시글거린다 감기에 걸린 것 같다 아프면 학교가 아니라 즉각 병원에 가라 가식적인 것이 나쁜가 아픈 척도 나쁜 것이냐 너는 아픈 척한 것인가 아쿠아리움에서 시클리드를 봤다 말라위호수에 사는 것이라고 했다 원래는 바다였다가 호수가 된 곳이었다 세상 모든 땅을 덮을 만큼 거대한 홍수가 있었던 것 같다 온갖 사람과 재화가 사방에 떠다녔다 전두환 때 잠실에 보를 지었다 범람이 멈춘 것 같았지만 결코 안심할 수는 없지 한때는 서울이 바닷물 속에 잠겨 있었다 과거에 항구가 아니었던 곳이 어디 있겠는가 먹이 주기 쇼가 끝나자 뜨겁게 박수를 쳤다 '물이 바다 덮음같이' 립밤이 아이의 입술을 뒤덮고 있다 바른다기보다는 드신다 '허기가 입술 덮음같이'라는 노래는 어때? 도파민 중독은 힘들다 고쳐질 때까지 머리를 동여매겠다고 아내에게 말했다 입속에 남은 가루가 조야하게 혀를 두들긴다 이제 침이 범람할 수밖에 없는 세상 지우개 가루만 봐도 나는 아프다 작은 웅덩이만 봐도 그 속에 빠지고 싶다 이 사이에 낀 것들을 샅샅이 발라냈다 낭만주의 시인들의 모토는 '이 세상 밖이면 어디라도'였다 오늘 너의 모토는 '그냥 어디라도'였다 제발 알잘딱깔센하게

二

*물이 바다 덮음같이: CCM 제목.

튤립 피버

—

껍질을 벗겼더니 내 두피가 벗겨지는 것 같다

희석한 락스 물에 구근을 넣어 둔다

내 얼굴에는 곰팡이마냥 검버섯들이 피었고

나는 언제쯤에야 활짝 필 수 있을까

황달이 올라온 것같이 얼굴이 노랗게 변한다

나를 본 의사가 말한다

오늘따라 활짝 피었다고

나는 그 이야기를 들은 오후 내내 기분이 나쁘지 않았다

이렇게라도 필 수 있다니

네덜란드에서는 구근 하나가 집보다 비싼 때가 있었다는데

—

값이 떨어져 버린 것 같다

누구든 좋다면 나를 쓰시라는 마음을 먹고서

헌 갈색 외투를 두른 채 앉아 기다린다

한 방 같은 건 필요 없어요

―

이제는 베란다 앞에서
한 방을 보내 줍시다

안 된다고 하지 말고
보내 줬다고 말하자고요

한 방 같은 건 됐고
하루 잘 방(房)이 필요해요

무슨 시가 필요합니까 일기 쓰기면 충분하죠

옛날 사람들은 너무 거창하고
한 방투성이었어요

시집을 열 때마다 얼굴을 맞았어요
너무 맵고 세게

보세요 시집이라고 썼지만
나의 일기장입니다

―

힌 방 같은 건 필요 없어요
시 같은 건 필요 없다고요

제3부

선생님의 토토

토토의 하루가 저문다
토토가 묵념을 올린다

영영 젊은 나이로 기억될 사람들의
저녁은 슬프다

한 해가 지나도
나이 먹지 않는 이야기가 있다

내게는 너무 생생하다

'모든 것'을 뜻하는 라틴어의 이니셜

어떤 복권 이름도 토토였다
모든 것을 갖고 싶은 마음인데

창살 앞에 선생님의 토토가 죽어 있다

왜 우는지 물어볼 필요조차 없어서
어떠한 위로의 말도 건네지 않았다

가장 위로가 안 되는 말이
위로의 말인 것은 자명하다

감히
우리가 너를 위로하겠다
만큼
위로가 안 되는 것이 없었다

뼈대만 있는 건물을 보는 기분이
앙상하다

해넘이와 같은 건물

올해가 느리게 갔으면 좋겠다
모른다 아니다
같은 이유들이 공진(共振)하고 있다

모든 것들의 하루가 저물었다

모든 것들이 묵념을 올리고 있다

*선생님의 토토: 서이초교 교실 앞 작은 화분의 이름.
*'모든 것'을 뜻하는 라틴어의 이니셜: Totus Toti.

마콤

一 의정부 H 초교에서 한 학부모가
신규 교사한테 매달 50만 원씩 8개월 동안 돈을 받았다
월급의 ¼
신규 교사가 군대에 갔을 때도 학부모는 교사에게 연락을 했다
문자라고 부르기에는 집요해 보이는 글귀들
그 교사는 12월 스스로 세상을 떠났다
그 무렵 나도 2학년 담임을 맡고 있었다
기이한 전화가 거듭 걸려 왔다
괴변과 폭언
나는 운 좋게 살아남았다
2023년 여름 국회에서
한 정치인이 이야기했다
너희가 선 곳은 거룩한 땅이다
교직은 성직(聖職)이다
신규 교사가 서 있던 곳에
너저분한 것이 뒹굴고 있었다
더러 폐지와 페트병에게
조리돌림을 당해 가면서
二 쓰레기 뒹구는 국회의사당 앞 대로에서

피켓을 흔들며 외쳤다
이해해 주어야 할 때는 성직자
할 말, 안 할 말 못 가릴 때는 감정의 쓰레기통
2023년 9월 21일 금요일
아침 7시 18분
학교 현관에서 신발을 벗었다
어떤 사람이 미친 듯 복도를 내달리면서
"살아라!"고 외치는 것 같았다
시끄러운데 조용한 교실들을 지나치며 걸어갔다
오늘은 내가 첫 번째였다

*마콤(maqom): 히브리어. 네가 서 있는 곳.

내용 + 형식
―I assuage my pain with great aplomb

회중석에 앉아 목사님의 설교를 들었다
정의로움이 말투라면 그 목사님의 말투였다

그는 불의한 것을 향하여 호통을 치는 사람

정의롭지만 좀처럼 정들기 어렵던 그 목사님은

회중석을 보며 이렇게 외쳤다
정의!
정직!
사기꾼!
그리고
위선자!
나는 그 말을 마친 그의 양어깨를 한참 쳐다보았다

연보함에 헌금 봉투를 넣는데
문뜩 나의 이마가 풀칠된 것처럼 가슴 한편이 답답했다

엘리야가 그 목사님 같은 분이라면
기꺼이 미워했을 것이다

그리고 나는 교회를 걸어 나온다

어린 시절 교회를 다니다가
목사들의 언행에 실망해 떠났던 한 모태 신앙 평론가의 글이 떠올랐다

'내용 + 형식'
그날 주일 설교는 다 잊어먹고 오직 평론가의 말만 되뇌었다

스크린도어가 닫히지 않아 20분째 정차 중인 지하철 안에서
나는 정말
집이 있는 부천으로 가고 있는 것인가 한참 동안 생각했다

---

*I assuage my pain with great aplomb: 나는 내 아픔을 매우 침착히 달랜다.

키 큰 사람

당신이 하는 말들을 어떻게 받아쓸지 막막해요

당신이 보는 교과서에는 저렇게 많은 글자가 적혀 있는데
당신이 하는 어떤 말도 받아 적지 못해요
노트 속 줄이 돼 본 적이 없어 나무 서랍 안에서 숨죽였죠

당신에게 질문을 해 봤어요
이번에는 칸을 넘어 큰 글씨가 돼 볼래요
그렇게라도 큰 인물이 되고 싶은 것이니?
네
너 방과후에 남아야겠다
빨간색 밑줄이 그어지기 전에 줄행랑을 쳐요

당신이 쓴 글씨가 알아보기 어렵다는 것을 깨달았어요
당신이 칸을 무시하고 글을 쓰고 있어요 나를 붙잡으러 온 손으로

허리를 꼿꼿이 세우고 바른 자세에 대해 말하는 것을 들었죠
그런 것은 바른 말투가 아니에요

당신은 내게 반성문을 쓰라 말했죠
일어난 일과 반성할 점을 쓰며 깍두기 공책처럼 갇혔죠
빨간 구두를 신고서 춤추지 않고선 견디지 못하던 나는

책에서 글자들이 꼬무락거리며 떨어지고 있어요
키 큰 사람, 당신은 어떻게 사지를 멀쩡히 달고서 그렇게
살아왔나요?

당신은 우리 앞에서 나무같이 건조하게 춤을 추고 있어요

열기

一 발신자 없는 메일을 연다
너는 화면을 뚫고 허공에 나열됐고
문장이 된 까닭을 말했다
제목이 본문이 되고
본문이 제목이 되는 것이 시라면
공무원도 시인일걸
구름에게 이것을 하시오 꽃에게 저것을 하지 마시오
공문도 시가 되는 날이 있을 것 같다
시킨 대로 하지 않으면
메일 제목으로 불려 갈 것 같아서
태그되고 퇴근될 것 같아서

너는 생기가 없어진 불평을 수집하러 간다
휴지통에 수북한 네 시 정각을 모으러
그걸 화사하게 희사(喜捨)하는 것이 너의 장래 희망
너는 메일의 활자가 되었지
키보드가 손가락을 치기 시작할 때 그것을 참다가 터져 죽었지
답장을 쓰는 메일의 번진 자국이 되었지
二 오후에 박히다가 쏟은 식곤증이라 여길지 모르지만

푸른빛 습관을 줘

 빽빽한 숫자도 낭송할 수 있다고 믿는 것이 공무원의 일과(日課)

 하지 않다가도 스쳐 가는, 십 년 전 서류철 속 법령들이 우리의 습관

 습관을 집계하는 것도 유서를 쓰는 일과 비슷하다고 생각해 본다

 시킨 것을 한다 시킨 것을 한다

 입안에 침을 모은다

De Jong

―   데용은 다급하게 계단을 오르는데
    더용은 천천히 걸어 내려온다

    아직 근무?와 벌써 퇴근?을 가로지르며
    층계참에서 데용과 더용이 인사를 한다

    Dag?
    Dag?

    만나는 것 같기도 하고 헤어지는 것 같기도 한
    네덜란드식 인사가 좋아

    둘은 모두 손을 흔들어 대는 중

    데용은 한시가 급한데
    더용은 한 시간이 남는다

    급해
    급해?

―

평서형인 것 같기도 한
의문형인 것 같기도 한

데용의 보고서는 틈 없는 우리 같고
더용이 적은 보고서는 성겨서 우수수 떨어져 버린다

다 떨어지고 없는 텅 빈 체를 든 채로
마음이 꽉 찼으면 하면서

데용은 한 건을 마친다
더용은 한 건을 또 저지른다

데용은 고개를 숙인다
더용은 뻣뻣이 쳐든다 꼭 천장에 닿을 것처럼

상급자가 인생의 선배인 척하는 것은 퍽 귀엽고
나태한 사람들도 그럭저럭 살 수 있어서 좋아

약간의 수치심 정도는 감수해야 하겠지만

데용은 어디로 갈까 망설이고 있다
여기로 가면 송곳을 맞을지 몰라

더용은 또 어디를 갈까 휘파람을 불며 걷는 중
어떤 모험을 겪게 될까 설레어 하며

데용은 컴퓨터 앞에서 다리를 떨며 앉아 있다
더용은 유유히 집으로 걸어가고 있다

데용은 일을 했고 더용은 일을 봤다
각자 무슨 잘못인지 시말서를 써낼 시간

데용은 커서에 찔릴까 치아까지 다 무장했고
더용은 아무나 나를 좀 찔러 줬으면 한다

울면서 웃고 있든지 웃는데 울고 있든지
그건 De Jong에 대한 우리의 편견 같고

*치아까지 다 무장했고: 네덜란드 속담.

동(童)과 시(詩)

 데용과 더용이 걷는다 운하 위 다리에서 만난다 gracht gracht 데용은 암스테르담 억양, 더용은 흐로닝언 억양으로 발음한다 무슨 말인지 알겠는데 서로 외국어가 됐으면 한다 더 불편해지기 전에 갈라서는 것이 좋아 혼잣말을 하면서 좁은 골목을 빠져나온다 데용은 북으로 더용은 남으로 간다 거기서 새로운 국적을 얻을 것이다 가령 네덜란드같이 식상한 국적은 빼겠다 매일 새로운 나라로 걸어가고 있으므로 양쪽 구두 밑창이 닳아 갈 때 우리는 추방될 위기에 처한다 단어에 대한 약속은 유약한 물처럼 흘러가 버린다 붙을 수도 떨어질 수도 없어서

하는 척하기

내가 일하는 초등학교는 양평에 있고
매일 80㎞를 운전한다

어떤 노래에 취해 몸을 둠칫거린다

가속페달을 세게 밟았다
어려운 교향곡을 연주하는 것처럼

빌딩 풍경이 나타났다가
터널 풍경이 나타났다가
난데없이 강 풍경이 나타난다

줄리언 제인스가 말했다

좌우 반구 측두엽이 역할놀이를 한다고

두물머리에서
북한강과 남한강의 롤플레이
이편과 저편을
넘나드는

오늘의 일용할 노래가 나를 휘몰아치게 한다

어떤 노래에선 '좋아'라는 말만 반복됐다

'너무 좋아'가 '어쩜 좋아'가 되는 순간
하고 싶은 대로 지르며 달렸다

나: 언니, 나만 믿어 내가 지켜 줄게
언니: 어머, 너무 좋아
나: 내가 지켜 줄게? 언니 나만 믿어?
언니: 어머, 어쩜 좋아

동화극만큼 혼잣말을 많이 하는 시간이 어디 있을까

아가모 그래프를 그렸다
이렇게 보면 스무 살이고
저렇게 보면 사십 살이다

2000년대는 너무 옛날이다
논문 주제처럼 나도 언니도 늙었다

오늘 배운 베트남어
터이 꺼 코애 콩 아

말을 배운다기보다 6성조를 연주하는 것 같았다

우리 부모님이 베트남 사는데

베트남말은 한국 사람이 배우기가 어려운 말이래

역류성 식도염에 캑캑대는 목처럼
보내지 못한 것이 속에서 끓고 있다

있지도 않으면서 끓는 척만 하는 중

100살을 살 수 있다고 해도
요새는 죽음이 많이 남지 않은 것 같았다

젊은 놈이 왜 벌써 그렇냐고 언니가 호통을 쳤다
늙은 분이 왜 이렇게 넘어가 주는 게 없어?

오늘 수업의 결론

            동화를 믿지 마라

*터이 꺼 코애 콩 아: 선생님 잘 지내세요?

난 바스마티 라이스, 치킨 마크니도 같이

―
초등학교 미술 시간에 그림을 그려서 선생님한테 확인받기
집에 와서 그 그림을 재활용통에 던져 놓기
다음 날 학교에 와서 다시 그림 그리는 것을 운명이라고 믿기
뭔가 바꿀 수 없을까 고민했지만 초등학교에는 퇴학이 없음을 알고 단념하기
다른 방식의 인생 전환을 생각하겠다고 결심해 놓고 그림 그리러 또 학교 가기
그렇게 물러서며 살다 보니 벌써 서른일곱 살

내가 시간표를 살아 내는 것이 아니라 시간표가 나를 뺑뺑이 돌리는 삶
열심히 도는데 뭘 가리키는 줄 모르는 것을 두 글자로 '수렁'
자성(磁性)을 상실한 나침반이 갈 곳은 쓰레기통밖에 없는 것일까?
초등학생 때부터 나는 왜 자꾸 그쪽으로 몰리고 있나 생각해 보기
내가 놓인 곳마다 다 N극, 주변에는 메마른 추위뿐
오늘 일정을 읽고는 얼어붙는 시늉하기
―

검지와 중지로 탁탁 세상에 하고 싶은 말을 자판으로 두들기기
이걸 안 들어주니 내가 죽을 것 같다 정치인분들아 제발
입이 아니라 손가락으로 말하는 나의 인간관계들
'너를 본 게 언제였더라?'가 채팅창에 수두룩하다
살기와 살기를 어떻게 다르게 발음하는지 찾아보고 연습하기
살기
살기
등등
등으로도 말하는 법 터득하기
팔다리 없이 울 때 나는 가장 많은 말을 하고 있다고 생각하기
Draw horizontal, vertical, diagonal lines
쇠를 핥는데 왜 단 것 같지

소릉(昭陵)

―
소릉을 걷는다
친구가 어깨가 아프다고 한다

친구의 가방을 대신 멘다
땀에 전 메리야스인 거야? 젖은 생각을 업은 것 같다

윗옷에는 어젯밤 먹은 양꼬치 냄새 펄럭이고
머리를 짓누르는 기분들

가방끈을 양손으로 붙잡을 때
온종일 떨쳐 낼 수 없는 축축한 무게를 느낀다

우리는 한껏 짓눌린 채로 서 있다
은혜를 경외한다는 문 아래서

괜찮지 않아야 영영 잊히지 않을걸?

내 다리는 한쪽이 기울었다
점점 봉분 쪽으로 빠져 가고

―

경사진 마음들이 흘러내리고 있다
두 다리로 똑바로 서 있을 수 없어서
가쁜 숨을 내쉬고 있다
원처럼 돌아가면서

홍타이지는 눈을 비뚤게 뜬 시종을 순장하라고 말했다
그리고 그 시종은 끝까지 비뚤어진 얼굴로 무덤을 향해 순순히 걸어 들어간 것
눈을 똑바로 뜬다 노예처럼 떨면서
이러한 은혜를 입을 수 있다니

청나라 궁중 의상을 한 여자아이가 걷고 있다
만주어 현판들을 지난다

우리는 걷는 것이 취미야
자음 ㄴ과 모음 ㅏ가 똑같이 생긴 문자라 읽기 어렵지만

하얀 봉분 위에
'나'로 추정되는 이름이 떠 있다 그것이 '나'인지 '안'인지 오락가락하고 있었지만

na가 아픈지, an이 아픈지 답해 주세요

나의 안이 납작 엎드린다

퇴장할 때 매표원이 얘기한다
여기부터 살아 있습니다

*은혜를 경외한다는 문: 만주어. baili be ujelere duka.

제4부

이다

 니는 사람이다 그런데 책이다 방금까지는 사람이었는데 이제 나를 책이라고 생각하므로 책이다 가스레인지 옆에서 눋게 변하는 중이다 그런데 누룽지이다 책이었는데 누룽지라 믿으니 누룽지이다 물에 말아 먹기 좋게 눌은 누룽지이다 그런데 햇배이다 방금까지 누룽지였는데 햇배가 되기로 마음먹었으니 햇배이다 나는 될 수 있다 생각하면 무엇이든지 될 수 있다 아까는 햇배였는데 이제 식탁 위의 노란 컵이다 손잡이도 옆에 있다고 생각하니 손잡이 달린 노란 컵이다 네 살 아이 손에 들려 들썩인다 아니 베이지색 바나나 우유다 내 안에 바나나가 많다고 믿으니 이제부터는 바나나 우유다 아니 나무 식탁이다 아까는 안 그랬는데 정수리가 딱딱해지고 피부에 무늬가 생긴 것을 보니 마호가니 원목이다 아니 노랗게 부푼 빵이다 런던 소호의 카페에서 갓 나온 마들렌이다 캐셔가 말한 영어 단어이다 corpulent and covetous 거대한 마들렌이다 뚱뚱하고 탐욕스럽게 생긴 나를 닮았다 먹으려는 사람을 먼저 먹어 버릴 것같이

10년 동안 전쟁에서 겪은 일을 기록한 글

—

증수(曾壽)는 삼번의 난 진압에 참전한 만주족 군인이다 그는 만주어로 전쟁 일기를 남겼다 죽을 위기를 넘기고 집에 돌아온 대목에서 그는 가족을 끌어안고 운다 그리고 죽음의 전장에서 살아온 자신을 다음과 같이 불렀다

'다시 태어난 몸'

'다시 태어난 몸' 말하면서 안도하는 불빛들이 밤 9시 테헤란로에 가득하다

—

*다시 태어난 몸: 만주어. dasame banjiha beye. 증수, 『만주 팔기 증수의 일기』, 최동권 외 역, 박문사, 2012, 217쪽.

보레알로펠타

一   상급 병사가 곯아떨어집니다

　　초급 병사인 나는 안심합니다

　　단 둘뿐인 이 초소에서 나는 자유롭습니다

　　200m 너머에 있는 한국군 초소를

　　망원경으로 살펴봅니다

　　인적은 뜸하고 대한민국 깃발만 펄럭거립니다

　　여기는 황해북도 장풍군

　　저기는 경기도 련천군입니다

　　그 둘을 북남이 아니라 조한(朝韓)이라 부르는 것은 아직 어색합니다

二   곧 익숙해질 수 있을까요?

그 사이를 국경선이라 부르기 시작했습니다

　나는 여기와 저기 사이를 걷다가 오래된 집 하나를 본 적이 있습니다

　70년째 주인이 돌아오지 않는 집이었습니다

　지뢰와 철조망으로 둘러싸인 그 초가는

안쓰럽고 쓸쓸해 보입니다

그때 상급 병사가 전투화로 내 뒤를 힘껏 걷어찼습니다

노려보지 않고 물끄러미 봐서는 안 된다

그것이 이곳 공화국의 법칙입니다

그 집은 군사분계선 바로 앞이었습니다

집 앞쪽은 장풍군이고 뒤쪽은 련천군입니다

오른쪽은 조선이고 왼쪽은 한국이었습니다

상급 병사가 잠시 나를 놓아주어 한 발짝 정도만

련천군에 다녀올 수 없나 생각했지만

그것은 이곳 공화국에서 가장 어려운 한 발입니다

아무 일도 없이

우리는 다시금 초소로 돌아왔습니다

1월 남부 국경에 몰려온 추위는 참기 어렵습니다

오늘 나는 무엇을 지키고 있는 걸까

또다시 나는 나를 참기 어렵습니다

*보레알로펠타: 북쪽의 방패. 곡룡류 공룡.

비급(祕笈)

一

　송곳니가 날카로운데 음식이 없다 상처가 입속의 금화처럼 아무는 것과 아물지 않는 것 사이에 머뭇거린다 말안장이 평원보다 넓은데 사냥 나갈 이적(夷狄)이 없다
　이제 방화와 약탈을 시작할 테니 두고 봐라 잡을 수 없는 것만을 찾아다니겠다
　오랑캐인데 아이를 밴 별, 자웅동체이고 밝기에 따라 이름이 바뀌는데 밝을 때는 *하야조탁*, 탁할 때는 *히야조탁*이라고 불린다 어원을 알았으므로 입김을 세 번 뱉는다
　숨 쉬는 것은 너무 당연해서 하루쯤 안 해도 될 것 같은데 안 하면 저녁에 저 별들을 볼 수 없을 것 같아
　길거리에 방치된 사물을 모두 삼킬 테다 맛볼 수 없는 것만 찾아 삼키겠다

　둥근 별들이 아무렇게나 몸을 뒤섞는다 탁한 것과 밝은 것이 구분되지 않을 때까지 이런 모양으로 밥을 먹는 것은 호흡하는 빛깔 저런 모양으로 별을 보는 것은 발성하는 빛깔
　스스로 소리내기를 간절히 원하면 망막에 닿은 밤공기가 도와준다 죽은 척 잠자고 있던 영웅도 도와준다
　죽은 사람을 살아 있는 것처럼 말하는 책은 커버가 관 뚜껑을 닮았다

二

하얀 종이에 싸여 있는 것을 열어 보지 않도록 한다 종이 속에서 흐느끼는 소리가 *하아*와 *히아*의 중간음이다

이 소리에서는 자음이 같은 성(性)의 모음을 찾아간다 기적이 일어나는 규칙이다

모든 이야기의 중간에 어째서 별이 있는지 알 것 같다

더미

一 널브러진 책을 책장에 꽂습니다
책을 꽂고 헐떡거립니다 이것이 나의 심장입니까?
다시 어지르지 않을 것처럼 나는 깨끗이 치워 두었습니다
아메리카노를 마시고 용기를 테이블 위에 둡니다
커피를 줄이겠다 해 놓고서 오는 길에 참지 못하였습니다
하루 한 번이라고 적었습니다 써 놓기라도 했으니 대견히 여겨야 합니까
가장 감명 깊게 읽었던 대목이 잘 떠오르지 않습니다
수납장에서 삼색 볼펜을 꺼냅니다
뜨거웠던 감정을 무엇으로 밑줄 쳤는지 떠올려 봅니다
어떤 날은 죄다 샐그러졌고 다른 날은 살짝 감아올렸습니다
비슷한 감정인데 톤이 다르기도 합니다
행여 치우지 못한 것이 있을세라 구석까지 샅샅이 살핍니다
혼신을 다했지만 이루지는 못한 것
세상에 그런 일이 어디 한둘인가 내가 그 말을 들으려고 구불텅구불텅 기어 왔다고 생각합니까
한 선배가 일찌감치 달려와 아무 말도 하지 않고 헉헉거렸는데 가장 큰 위로를 받았습니다
그런 사건은 짙은 붉은색으로 밑줄을 쳐 두어야 합니다
二 어떤 일들은 보지 않았는데 본 것처럼 생생하게 펼쳐져

있습니다
 다 치우지 못했다고 더럽다 말하지는 마십시오
 또박또박하게
 The universe
 killed
 chaos
 한 노학자의 집에 이런 구절이 붙어 있어 마음에 들었습니다
 그분의 방 상태는 더 마음에 들었습니다
 방금 우주를 죽였습니다
 나는 꾸벅꾸벅 졸다가 놀라 쳐다보았습니다
 읽은 책이 무슨 내용인지 모른다고 책장을 상자로 만들지 않습니다

하이버네이션

―
부조리라는 말을 되씹으면서
내 안에 있는 힘들의 목록을 짚어 봤다

이 방에서는 매일매일 악몽을 꿨다

눈 감는 것도 허락을 맡아야 한다
누군가 나한테 말했다

오수(午睡)는 높은 분의 결재 사항이라고

그런 결정이 하늘에서 뚝 떨어졌다

규정집처럼 생긴 사람이 걸어왔다

저쪽에 높은 분이 계신다고 말했다
불쑥 아무것이나 떨어뜨릴 수 있는

'눈'이라 하면 '눈'이 생기고
'잠'이라 하면 '잠'이 생기는

―

그의 음성은 안 들리는데
무슨 말을 하는지는 알아들을 수 있었다

모두 이해되는 말만큼 무서운 건 없고

그런 얼굴은 뭔지 뻔하다는
퇴직을 앞둔 행정가처럼 나는 더 조글조글해진다

내 주름은 나이만큼 길고 깊고

눈 뜨는 것도 허락을 맡아야 했다
누구든 하고 싶은 일만 하면서 살 수는 없다

그와 나의 사이는 결재 관계뿐이어서

찍찍 그인 기분을 왼팔에 차고서
뛰어간다
꿈의 바깥으로

내 안에는 잠재울 것들이 여럿 있다

― 　상기된 마음을 내려놓고 힘을 빼 버린다

　규정집에서 '눈'이란 단어를 없애 버리면
　아무도 나를 흔들어 깨울 수 없겠다 생각했는데
　어떤 사람이 내 등을 쥐고서 흔들어 댔다

　'나는 아직 오수를 취하지 않았어요!'
　계속 엎드렸다

　사람들은 눈을 홉뜨고 나의 등을 흔들어 댔다
　'눈' 없이 가장 깊이 잠들어 있던

―

저격수의 거리

여기 한 교차로가 있다
뛰어가자 총알이 쇄도한다
사람들이 비명을 지른다

날아오는,
스쳐 가는,
육박하는,
이 단어들의 공통점을 찾아보세요

임박한 공포와 야박한 시선들
여유롭게 커피를 마시며 이곳 뉴스를 보는 사람들이
세계 어딘가에 있다

어떤 날에 생생한 사진이 찍힌다면
스나이퍼가 잠잠해질까

집 앞에 있는 교차로에서
가방을 멘 아이들은 있는 힘껏 달리면서

내일은 총알이 날아오지 않는 세상으로

등교한다

11시 시계 소리는
내일이 임박했다
외치는 것 같았고

내일 등굣길을 생각하면 공포에 질린다
평화유지군의 탱크 옆에 숨어 걸어가고 싶다

바람이 갈라지는 소리가 커져 가고
나무들이 자라는 복음이 들려온다

그 소리가
이 도시의 모든 것에 임박했다고 믿는다

임박했다

총신을 매만지는 자들과
내게도

*저격수의 거리: 1992-1996년 사라예보.

저구루

一

숲에서 나는 얼마나 저어했는가 등의 가시를 모두 뽑아 버렸다
　벌거벗어 뾰족해진 색연필이 된 것 같다
　고슴도치가 두 눈을 가리고 몸을 웅크리며 이불 속에 숨었다
　손바닥이 빨간 여신이 땅을 흔들어 깨웠다
　고슴도치를 흔드는 손바닥에는 곧고 선명한 도로가 나 있다 도로 위에서 고슴도치가 달리고 있다
　네 발을 허공에 띄우고서 이것을 손이라고 외친다면 착지할 때는 손바닥이 돼 있을지 모른다 우리는 움켜쥐고 싶은 게 많고
　마주치는 것이 무엇이든지 쥐고 흔들며 삼림을 배회했다
　발목을 붙잡고 구른다
　알람 시계엔 온통 털이 나 있고
　잠이 덜 깬 얼굴들은 눈을 비빈다
　쉬지 않고 돌아가던 손목이 흐느끼고 있다
　젖은 우듬지가 번갈아 움직이고 있다
　갑자기 비가 내린다 덜 익은 밤송이들이 추락한 것이라고 한다

二

　삼림에서 이불을 덮어쓴 동공들이 부근을 두리번거린다

가시에 찔린 눈동자에서 피가 나온다
　밤의 각피(殼皮) 속으로 들어간다 오늘 밤 잠자리에는 이불이 필요 없을 것이다
　삼림을 태우며 웅성거리던 손바닥이 일제히 가시를 쏟아냈다
　땅속으로 들어간 고슴도치는 땅의 뿌리까지 흔들고 있다
　여신이 밤의 각피 안에서 죽은 채로 발견된다 불은 맹렬히 가시를 쏜다
　손바닥이 내 눈두덩을 짓누르고 있다 불이 마지막 남은 나무를 삼켰다

*저구루: 만주족 신화집 『워처쿠 울라분(weceku ulabun)』에 나오는 고슴도치 신.

404 낫 파운드

아이윌비후아이윌비

(I will be who I will be)

검색으로 뭐든 알 수 있는 세계
검색으로는 아무것도 알 수 없는 화면 앞에서
오늘은 뭘 검색할까
뭘 검색해 봐도 세상 같은 것은 알기 어렵지만
사람들은 휴대폰을 손에 움켜쥐고 검색한다
때로는 자기 이름을 친다
너는 어떤 내용으로 검색되는 사람인가
남들 앞에서 쌍욕을 들어가면서
누군가의 핸드폰으로 불려 가 그를 위하여 봉사하고 있다
그들의 이름을 찾아 관련 검색을 남겨야지
#나를힘들게하는사람들 #양심이란없는잔혹한사람들
2023년 9월 7일
한 교사가 생을 마감했다
누군지도 모르던 사람이 누구나 아는 사람이 됐다
검색은 되는데
검색으로 알 수 없는 세계였다
가해 학부모들이 하던 가게를 보고

사람들은
날계란과 케첩을 움켜쥐고
반짝대는 거울로 달려갔다
그 학부모가 매일 보던 거울이었다
찾아져야 하는데 찾아지지는 않는

于尸山國

一   터진 손등으로 낮을 복기한다

핸드크림으로도 아물게 할 수 없는
상처들이 나를 울게 만들었다

손이 텄다고 울기에
나이가 많지만

울었다

중학교 때
선생님이
'于尸山國'
을 칠판에 써 놓고
얘기했다

尸는 ㄹ로 읽을 수 있어서
于尸는 '울'로 읽을 수 있다고

一   '울'로 시작하는

울음으로 이루어진
소국이 아닐까
혼자 생각했다

우는 것이 아무렇지 않은 나라

그것이 귀하든 천하든

울어도 괜찮은 나라

마음껏 울라고 '산'도 있는 나라

서울에서 양평까지
1시간 차를 달리는 동안

산들은 많은데
울 산이 있는가

생각했다

나무들은 어디서 한바탕 울 것인가

제5부

산

연구실로 걸어간다

눈이 녹은 운동장을 본다

국민학교, 애국 조회
수우미양가, 소사 아저씨
더는 쓰지 않는 말들처럼

내 아침 시간도 땅속으로 사라져 버린다

종소리가 작아지면
나도 조금씩 구석으로 밀려 나가는 기분

교대 실습 때 보았던 외로운 노교사같이

목적을 잃고
숲을 헤매는 유기견같이

나는 꼭대기가 아닌데 꼭대기 층에 앉아 있다

어떤 날에 나는 층계참에 서서
한참 동안 하늘을 쳐다본다

복도를 부유하는 먼지와
먼저 떠난 사람들을 생각하며

허공 위에 붕 뜬 기분

맑은 날 오후의 나는 국기 게양대보다 높다

마우스를 만지작거리며 학생들에게 말을 건네며

다시 하얗게 내리고 싶다

어떤 학생들은 교실 가운데 자리를 기꺼이 내주었다

'이렇게 컸어' 하며 자기를 보여 주는 나무들처럼

부담스러운데 감당해야 할 나와 우리를 고대하는 중

나는 '교실' 하면 왜 산이 생각날까

복사 종이를 가지러 온 선생님들과 자꾸 목례를 나누면 언젠가 정말 연구실에서 자라는 나무가 될 수 있을 것 같았다

천장에 이마가 닿을 것처럼 바퀴 달린 의자를 힘껏 젖히는

이집트 탈출기

一

몸에서 빛이 나는 사람에겐 개도 짖지 않는다
한동안 개들이 내게 얌전했다

요새는
나를 보는 개들이 얼마나 많이 짖어 대는지

더러 군침 흘리는 개도 있다
내가 얼마나 먹음직스럽게 보였던 건지

하울링도 시작한다

뜯겨 버려진 뼈들이 강바닥에 수북이 쌓여 있다

우리 집은 너무 멀다
아신, 국수, 신원, 양수, 조안, 팔당, 신장, 미사를 지났지만
아직 집은 아니었다

달린다기보다는 도망가는 것에 가까운 일이겠지
휴전선 이남의 이 나라는 달아나기에는 조그맣고

一

울리는 휴대폰
안전 안내 문자
(악어들이 나타날 수 있으니 조심하길 바랍니다)

악어의 입속에서 데스롤 당하는 기분을 상상했다

기회를 잃고 우는 사냥꾼들과
눈치 보는 개처럼 의자에 앉아 낑낑거렸다

전화기 울리는 소리만 들어도 자꾸 답답해지는 가슴

어떤 선글라스가 내가 있는 쪽을 자꾸 쳐다봤다

평생 한 번도 감시받지 않은 사람이 얼마나 있겠는가

기를 쓰면서 도망가는데
바퀴가
땅에서 떨어지지 않는다

*몸에서 빛이 나는 사람에겐 개도 짖지 않는다. 출애굽기 11장 7절.

사운드 스케이프

一
데드캣 마이크를 든다
마이크가 군엽 속에서 정지할 때 새벽 2시를 좋아하는 까닭을 생각한다
사람을 만나지 않기를 바라며 기린의 몸통처럼 서 있다

밤일엽이 있다 누운 것은 없고 모두 곧추서 있다
나는 움직인다
별들을 보려고 고개를 쳐들었다 데드캣 마이크를 별 가까이 대면서

곶자왈의 나무들이 별의 소리를 녹음하는 것 같았다

몸이라는 녹음기로

어디로 갈지 잊어버렸다
방금까지는 아주 쉽게 말할 수 있었는데

온몸에 무늬가 짙어지는 기분이 들었다

二
어슬렁대던 소 떼와 마주쳤는데

빛을 받은 만큼 뿔도 자라고 있다

하늘에 닿을 듯

데드캣 마이크가 소 떼 위에 있다

오디에이션

*

　너는 교실에 혼자 앉아 있다 자작나무 의자들이 모두 다른 빛깔을 지녔다 일회용 용기에 남은 아메리카노의 높이가 다르다 일부러 말을 걸어 보는 것이 좋겠지 어제는 얼음만 앙상한 일회용 용기를 남겼네 매일 음정이 다른 악기를 만드는 중

　자작나무에서 연주 소리가 들리는 것 같다 아직 구멍을 뚫지 않았는데
　틀릴 것을 걱정하니 시원히 불 수 없잖아 그때는 교실이 악기처럼 행세한다
　하나뿐인 출입문이 맵시를 뽐내고 있다
　음파들이 다른 데로 뿔뿔이 흩어졌다가 오후 3시쯤 한곳으로 집결한다
　얼음이 줄어들 때마다 연주를 다르게 해 본다 간드러진 음이 누그러들었다

*

　너는 평소처럼 리코더를 분다 독주(獨奏)된 악기의 감정이

너에게 전해진다 의자 위에 리코더가 앉는다 고저음을 오가다가 까맣게 변해 버린 자작나무들 #을 밟고 한 걸음 뛰어오른다 리코더가 리듬에 따라 일어선다 불현듯 너는 허리가 지끈거린다 의자에 탈, 부착될 때마다 너는 악기를 연주하는 것이다

  너는 이리로 오라 손짓을 한다 한 번도 맞춰 본 적 없는 콰르텟이 연주를 시작한다 커피가 찰방댄다 이 텅 빈 공간도 흔들린다

*

  까치발로 선 네 개의 마디
  이야깃거리가 고갈되자 무너져 버린다

  교실 안이 젖어 있다 빳빳해진 종아리를 협주 악기로 삼는다
  한 손에 쉽게 거머쥘 수 있다
  버텨 주기를 바랐지만 쉽게 견딜 수 없어 무력감을 불어 대며 오후 시간을 보낸다
  구멍마다 묘목들이 들어앉아 바람 넣어 줄 시간을 기다린다

침을 머리에 맞으며 거름이라 여긴다 너는 창문 너머의 하늘로 계속 뻗어 가고 있다

빈 밥그릇을 보니 침이 흐른다 뭘 그렇게 삼킨 것일까?

잡을 것도 내뱉을 것도 없는 텅 빈 공간

연주하는 동안 너의 키는 얼마나 자랐을까? 구중중한 곳에서 용솟음치고 있다

*

묘목들이 그새 큰 나무가 되었다 너는 입속에 다양한 크기의 얼음들을 짤랑거리며 휘파람을 분다

*

윈드웨이를 등받이에 기대 본다 자작나무처럼 곧고 흰 소리를 내고 싶어 발을 포개며 힘을 준다 화이트보드를 보며 약지로 더블홀을 오무락거린다면 소리가 하얘질지 몰라 키가 커지는 것처럼 고관절이 자꾸 따끔거린다 일회용 용기 속으로 바람이 자꾸 들어온다 손가락들이 얼음 속에서 허우적댄다

유연하던 너의 허리는 힘없이 흰색을 흘리지 않는다
　엄지, 검지로 콧구멍을 문지른다 마카펜이 뛰며 점들을 찍는다
　그것을 디딤돌로 삼아 한 번도 가 보지 않은 음역으로 도약할 수 없을까
　쨍하게 너의 마음을 감동시키는 징검다리를 만난 것은 그때뿐이었다
　누군가의 양 손아귀에 기꺼이 사로잡힌 때를 떠올릴수록 목에는 객담이 어리어 든다
　너는 너 스스로 불린 적이 있었나

*

　손가락이 삼죽마냥 마디져 있다 어쩔 줄 몰라 더듬거리다가 너의 정문(頂門)이 천장에 닿는다 이탈음인데 왠지 듣기 싫지가 않다 너는 돌아가다가 천장을 친친 감아 버린다
　미닫이문이 열린 적 없는데 너 대신 너희가 앉아 있다

　*오디에이션: 음악을 내면에 떠올려 들을 수 있는 능력.

어드헤시브

— 짐을 챙겨 식당을 나온다
좁은 길을 천천히 걷는다

한쪽 팔을 잃고 귀가한 병정같이 재미없는 기분

언제쯤 이 길은 넓어질까
길어지는 것을 주저하는 강제(鋼製) 줄자

이른 저녁 나는 돈가스를 먹었고
식당 간판은 살피지 않아도 됐다
그런 확신은 내 배보다 더부룩하다

군목은 나의 무사(無事)를 위해 기도해 주었다 나를 걷게 한 이가 내가 아닌 것 같았다
이 좁다란 길이 희구의 응답이다

볼 것 하나 없는 길이지만 이곳은 관광지가 된다

이것은 재현이 아니라 상상이 돼야 합니다

—

상이군인이 백일몽을 꾸고
녹아 버린 치즈처럼 상상은 나이프에 엉키는 중

이로써 나는 포만해질 수 있습니다
늘어지면서 돌돌 말릴 수도 있었어요

뜨거워지는 뱃속이 두 눈을 묵도로 인도합니다
두 다리를 양옆으로 쭉 찢으면 가방 속 소지품들은 동화의 주인공이 됩니다
날아가기라도 하겠다는 자세입니다

나는 여기를 전쟁터라 생각하면서 유유히 걸어야겠다고 생각했다

우리는 어깨를 활짝 펴고 살아야 한다
슬픈 날이 엄습하지 않을까 긴장하면서

소지품이
찢어진 나를 메고 간다

노바 젤란디아

一

　의자가 나에게 질문을 합니다
　질문에 차근차근 대답합니다
　새로운 땅이 보일 때까지 나는 등받이와 얘기하고 있습니다
　한 번도 들은 적 없는 단어들을 꿰맞추려 힘겹게 소리 내고 있습니다

　등받이를 젖히고 천장을 봅니다
　아직 다 그어지지 않은 가로선, 세로선이 만나고 있을지 모릅니다
　'미지'라고 발음하면 아는 것은 없어지고 모르는 것만 떠오릅니다
　잉크는 넘치는데 그릴 수 없는 면적이 이렇게 넓습니다
　정말로 지도는 잉크로 그리는 것이 맞습니까?

　저 객담 너머에는 무엇이 있나 몇 번을 그렸는데 거스러미만 벗겨져 있습니다
　암스테르담에 보고서를 보내야 합니다
　나는 별을 측정하러 말석으로 갔습니다
　새로 찾은 땅에 내 이름을 붙여야겠다고 생각합니다

一

의자 중 하나가 나를 지목합니다
바퀴가 굼뜨게 생긴 접이식 같구나
등받이를 박차고서 가 버릴까
기댈 수 있다고 믿었는데 의자가 나를 뱅글 돌립니다
갤리온이 기울고 있습니다
나는 육각 렌치같이 힘주어 섰습니다

마스트가 지탱해야 하는 삼각돛의 무게, 의자는 날 수 없나요
나는 쉴 새 없이 주먹을 돌리며 원주민들이 보낸 부메랑같이 날아갔습니다
의자들보다 내가 일찍 선교(船橋)에 앉았습니다
나는 지나가던 불청객입니까
수군거리던 의자에게 질문할 차례입니다

서하에 대하여

一 백지에 서하 문자를 써 본다
쓴다기보다 그리고 있다
귀를 뜻하는 글자는 꼭 귓바퀴를 닮았다
나는 귀를 잘 그린다
공들여 그린 귀로 들으면 소리가 더 잘 들릴 것이다
징, 꽹과리, 방울을 나타내는 글자마다 귀 형상이 달려 있다
서하 사람들은 왜 이렇게 어려운 문자를 쓴 거야?
아, 몽골 기병에게 미움을 받아 후손이 없지
허공에 말하는 것이 나의 취미
귀가 없는 데서 말할 리가 있어?
미친 사람이 아니고서야
내 책상 앞 벽에는 분명 큰 귀가 있을 거다
모니터에 떠 있는 서하의 왕릉 앞에서 종이를 펄럭이며
서하의 음악은 몹시 아름다웠을 것이다
악사보다 악기들이 먼저 음악을 들으며 스스로 울고 있다
일 년 내내 해만 내리쬐는 황야에서
사람 귀가 문자 귀를 닮고 싶어 하면 상형 신체라고 불러야 하는 거야?
나는 글자 같은 몸을 달고 산다
二 귀라는 글자를 만들었던 날에 홍경부의 저잣거리에 널린

물건들에서 귓불이 반짝거렸을 것이다
　귀라는 글자는 내 귀보다 청력이 더 좋을 것이다
　나는 들리지 않잖아 슬픈 말이 와도 기꺼이 참고 있는걸
　이 쓸모없는 것을 왜 쓰고 있는 것일까
　이제 몸 곳곳에 귀가 생겨났으면

에베소의 바울

一 이 자정의 허기는 야식보다 맛있다 방정환의 『칠칠단의 비밀』을 순식간에 읽었다 '용(勇)소년'에 대한 어떤 아동문학 평론가의 글이 인상 깊었다 맛있는 글인데 어떻게 삼켜야 할지 막막했다

2023년은 어린이 해방 선언 100주년이다 글 속에서 방정환은 구약성경의 선지자 같아 보였다 (정작 교회에서는 선지자 같은 목회자를 보기 어려웠는데) '전(錢)'을 가장 사랑하면서, 사랑이 제일이라고 말하는 자칭 교회도 활개를 쳤다 광화문을 부서뜨릴 듯한 소음과 "까불면 죽어!" 신성모독자의 광장(狂場)은 북적인다

용소년 어딨니 경성부의 광화문통을 시원히 내달려 줄래? 저 시끄러운 소리들은 눈 속에 다 덮여 버리라고 'Snow!'라고 속으로 네가 주문을 외워 줘 보렴 같은 말을 영어로 하면 주문이 되는 신비(神祕)

많은 사람이 영어에 대한 주술에 걸려 있다 나를 포함해서 시 쓸 때조차 영어를 써야 직성이 풀리곤 했다 이런 허영심 어린 자 같으니 아니 그냥 어린놈 같으니 Paul was afflicted with very heavy optical disorder

二 『파페포포 메모리즈』를 봤다 나는 처음 펼쳐 본 책인데 아내가 2000년대에 자주 읽던 책이라고 얘기했다 나는 더러

어떤 시대는 생략하면서 제 맘대로 살아온 것 같다 우리는 어디로 돌아가고 싶은 욕망에서 완전히 자유로울 수 없다 해방의 시대 찬란한 시대 인신매매단이 횡행하는 시대 그때의 용소년처럼 해방을 꿈꾸며 살고 있다 열 때는 마음이 가벼웠다가 닫을 때는 무거워지는 책을 읽으면서

  Ephesus was Roman Empire's the colonial capital of Asian region 한국인들의 손에서 태극기와 성조기, 시온기가 힘차게 나부낀다 '맘몬(錢王)'의 부름에 일부 목사와 신도들이 광화문으로 모여든다 "내가 이러려고 기독교인으로 살았나 하는 자괴감이…" 구석에서 탄식하는 이들의 목소리는 눈 속에 파묻힌 것처럼 작게 들린다 스게와의 일곱 아들이 구마자(驅魔者) 행세를 했다 악마는 누가 A Man Who Is Known in Hell인지 기꺼이 알려 주었다

  풍요로운 시간은 여기 언제 임재하나 자정의 허기는 맛있지만 길다 다시 용소년을 불러 봤지만 오지 않았다 다만 아직이다 아직일 뿐

---

*A Man Who Is Known in Hell: Rolfe Barnard(1904-1969)가 사도행전 19장을 본문으로 했던 설교 제목.

'풍요로움'에 대한 비블리오그래피

(1) "『Numbers』라는, 정말 숫자들만 나열돼 있는 책을 읽었다. 무슨 뜻인지 알 수 없었다. 독서백편의자현(讀書百遍義自見)." 조슈아 헤이븐, 「603550→601730」, 『이 쪽수, 저 쪽수』, 이인구 역, 희망찬독서사, 2025, 46500쪽.

(2) "휴지를 찢어 욕조에 넣은 적이 있다. 부유하는 해파리처럼 보여 희망이 생기기도 했다. 그러나 아무리 쳐다봐도 그것이 물을 배출하며 수면 위로 솟아나는 일은 일어나지 않았다. 이런 일에 상처받았던 적이 얼마나 많았던가." 리바이 스미스, 「올라갈 힘이 없는 것들」, 『연체류 기르기』, 유연성 역, 수중서관, 2026, 59300쪽.

(3) "development from within: 안으로부터의 발전 또는 내부로부터의 전개." 칼렙 포스터, 「나를 낳는 나」, 『패러다임 교체』, 심화중 역, 노바북스, 2027, 45650쪽.

(4) "13시부터 24시까지 숫자들은 광야의 열기를 견디지 못하고 녹아 버린다. 1시부터 12시까지는 추워서 얼어붙어 버렸다. 너무 극단적이에요." 조슈아 헤이븐, 「숫자들이 선 자리」, 앞의 책, 74600쪽.

(5) "공기의 상상력: 바슐라르가 말한 네 가지 상상력 중 하나. 의자에 앉아 상상을 할 때마다 사람들은 스스로 허공에 떠올라 어디로든 쉽게 날아다닌다." 일라이자 버크, 「나를 태워 올라가기」, 『에테르 철학』, 서기담 역, 루프하우스, 2075, 54400쪽.

(6) "홍어 장수 문순득은 표류한 곳에서 8개월 만에 유구어를, 9개월 만에 여송어를 익혔다. 고향으로 가는 방법을 물어보기 위해서였다. 『표해시말』에는 유구어 81개, 여송어 54개가 적혀 있다." 애런 우드, 「금방 죽을 것처럼 외국어 배우기」, 『어서 최대한 빨리』, 이화자 역, 언중유골사, 2032, 57400쪽.

(7) "ChatGPT가 외국어를 순식간에 번역한다. 옆에 앉은 한 남자가 외국어를 공부하고 있다. 오늘 새로운 단어 10개를 외웠는데 기억력이 줄어들어 11개를 잊어버렸다. 또 감소 중." 칼렙 포스터, 「잡아당기는 것과 미끄러지는 것」, 앞의 책, 40500쪽.

(8) "방금 콧속으로 들어온 것은 무엇인가? 우리가 쉬는 것은 정말 숨인가? 아무리 애를 써도 폐는 느려지고 호흡은 가빠진다. '그때 내가 왜 그랬지?'가 모두의 잠 속으로 따라붙는다. 어지러워 잘 수 없다. 깬 사람이 자리에 앉아 검은 하늘을 쳐다본다. 지금 바로 날아갈 듯 간절하다. 돈과 권력, 명예. 소유하고 싶다면 절하라. 공기(空氣)의 왕국을 다스리는 임금과 그가 모시는 신들에게. 싫다면 답은 하나다. 승천하는 수밖에." 일라이자 버크, 「불가역성 위에 올라」, 앞의 책, 32200쪽.

(9) "간절함과 다급함에 대해 알고 싶다면 이 책을 읽어 볼 것." 미리암 베이커, 「텅 빈 요람의 시간」, 『출산 육아 신학(神學)』, 한서율 역, 소수점사, 2050, 35400쪽.

(10) "열두 개로 나뉜 '나'가 허공에 떠오른다. 그건 모두 '나'다." 모지스 그레이, 「전망은 우리를 떠오르게 한다」, 『부유(浮遊)하는 말과 싸우기』, 전회중 역, 에어컨과선풍기사, 2048, 62700쪽.

(11) "0.721은 우리를 불행하게 만드는 숫자인가? 아이를 낳으라고 누가 영상에서 외치는가?" 미리암 베이커, 「Numbers에 대한 해석들」, 앞의 책, 41500쪽.

(12) "우리는 헌 양장본처럼 열었다가 닫았다가 구석에 던져 놓아도 되는 그런 존재들인가? 쪽수는 많을수록 좋은 것인가?" 리바이 스미스, 「'나'라는 유일종」, 앞의 책, 53400쪽.

(13) "이미 태어난 것은 내버려두고 새로운 목표를 향해 빠르게 날아간다. 보이지 않을 만큼 매우 가파르게 치솟고 있다. 사람들은 랠리에 올라타고 싶어 코인 거래소로 마구 달려간다. 아이들의 꿈도 시세처럼 출렁인다." 모지스 그레이, 「'올랐어?'와 싸우기」, 앞의 책, 43730쪽.

(14) "한 신학자는 신이 사람의 표정을 기도로 받는다고 말한다. 투명하게 펄럭이던 내면들이, 가볍게 다문 신의 입술 위에 내려앉으며 붉게 변한다고." 일라이자 버크, 「불 마차는 없었지만」, 앞의 책, 22200쪽.

(15) "골방에 앉아 무명 가수의 노래를 듣는다. 노래가 끝나도 내면에서 재생되고 있어 명곡이라고 생각했다. 아무것도 달라진 건

없는데 노래를 듣는 동안 세상은 달라 보인다." 모지스 그레이, 「노래는 우리를 떠오르게 한다」, 앞의 책, 40500쪽.

(16) "책을 펼칠 것도 없이 머릿속에서 재생되는 스피킹 다이얼로그. 세상의 모든 외국어 대화가 들릴 때 나는 살아 있는 오디오 기계라고 되뇔 것. 그리고 담대히 시험장으로 날아갈 것." 애런 우드, 「조류의 언어」, 앞의 책, 76500쪽.

(17) "정현종의 시 「떨어져도 튀는 공처럼」이 초등학교 교과서에 실려 있다. 그의 작품 가운데 동시가 될 수 없는 것이 몇 개나 있겠는가." 모지스 그레이, 「어떤 시는 스스로 떠오른다」, 앞의 책, 64300쪽.

(18) "아이들은 내 속에서 나왔는데 나를 반대로 뒤집어 놓은 티셔츠처럼 낯설다. 그럼에도 아이는 너무 사랑스럽다. 아이를 사랑하는 건 나를 사랑하는 건가. 아이는 나 대신 세상에 남는 나의 이름인가." 칼렙 포스터, 「내부로부터 태어난 아이」, 앞의 책, 60500쪽.

(19) "임길택은 강원도의 산골, 탄광 마을에서 초등학교 교사로 14년을 일했다. 이 시기 쓴 동시를 모아 『탄광 마을 아이들』을 펴냈다. 이 동시집에는 주로 어린이가 화자로 등장한다. 그들은 광부 아버지를 부끄러워하기도 하고 사랑스럽게 여기기도 한다. 이 동시집은 언어가 아니라 감정으로 쓰여 있는 것 같다. 한글, 알파벳 대신에 감정이라는 문자, 정서법이 있는 것처럼." 제이콥 브라운,

「어두운데 밝은」, 『한국의 동시인들』, 신동 역, 아동과어른사, 2040, 32500쪽.

(20) "우리가 묘지 앞에서 살아나는 기분을 느낀다면 늙기는 했어도 죽지는 않았다. 수천 개의 촉수들이 발바닥에서 자란다." 리바이 스미스, 「부력과 생존」, 앞의 책, 52700쪽.

(21) "마주치는 모든 사람에게 유독 반갑게 인사를 건네는 아이가 있다. 모두가 그의 인사를 반갑게 받는 것은 아니지만 교실에 들어설 때 그 아이를 떠올리지 않는 이는 하나도 없다." 애런 우드, 「인사라는 외국어 연습하기」, 앞의 책, 45600쪽.

(22) "두 손을 모으고 호흡을 시작한다. 폐가 커다란 풍선이 되어 물 밖으로 떠오를 때까지." 리바이 스미스, 「죽을 것 같을 때 떠오르기」, 앞의 책, 64400쪽.

(23) "김현의 '단절과 감싸기' 사관(史觀)에는 역사가 행복과 풍요로 이행됐으면 좋겠다는 바람이 숨겨져 있다. 그의 말처럼 이 숫자, 저 숫자가 끊어졌다가 다시 만나 감싸안는다. 죽은 것 같았는데 다시 살아난다." 미리암 베이커, 「황량한 벌판 위 숫자들의 진군」, 앞의 책, 53400쪽.

(24) "그래서 지금 변기 속으로 떠내려간 찢긴 휴지들은 어디로 이행되고 있는가?" 리바이 스미스, 「흐물흐물해진 우리는」, 앞의 책, 45400쪽.

Monk's House

너는 춥지 않니
방이 있니

수도자니?

나치 군대가 영국에 상륙한다는 소문이 횡행하는데

사람들은
방을 찾아 배회한다

남의 방 앞을 너무 어슬렁거린 걸까

'여기가 너의 방' 하고
누군가 우리를 친절히 데려다줬지만
떨리고 불편한 생각들

방 안에서 남편과 약속했다
그날이 온다면
일거에 승천해 버리자

젠틀맨의 나라에서
정신병에 걸려 버릴 듯이
멈춰 있어야 했다

새벽에도 펜촉 앞에 멈춰 있다

나에게 페미니즘은
수도자의 성무일과(聖務日課)

마지막 그날을 기다리고 있다
굉음을 들으며

수많은 집이 불탔다
방도 사라졌다

그런 일이 닥친대도
우즈강은
나를 품어 줄 수 있지 않을까?

거기가 나의 방이 있는 곳일지 몰라

나는

*Monk's House: 버지니아 울프가 살았던 곳.

해설

지식의 간섭 무늬들과 의미 생산지의 개간

정과리(문학평론가)

시가 하는 일의 현상학적 환원

신동재 시의 가장 중요한 특징은 삶과 시의 동일성, 아니 좀 정확하게 말해 상통성이다. 많은 문학 교과서는 삶과 문학의 근본적인 불일치, 문학 언어는 '낯선' 표현으로 일상 언어의 무심한 지각의 자동성을 깨뜨리고 각성을 유도한다고 말한다.

신동재의 시가 그런 문학적 기능에 무심하진 않을 것이다. 그는 매우 모범적인 문학도이다. 그렇다면 삶과 시의 동일성은 거꾸로 이해하는 게 타당할 터이다. 즉 시가 삶에 일치하는 것이 아니라, 삶이 시에 일치하는 것이라고. 요컨대 시인은 시를 쓰기 전에 이미 시를 살고 있는 것이다.

독자는 그 증거를 바로 발견할 수 있다.

문이 열린다
플랫폼에 서 있던 승객들이 전철 안으로 몸을 욱여넣는다

밀려나는 사람들이 비칠거린다

아찔해 보이는데 쓰러지지 않는다 서가에 꽂혀 있는 책처럼 힘을 준다

위태롭지만

안심이 된다 너무 빽빽한 탓에 닫힌 문이 터지고 사람들이 쏟아졌다는 말은 들어 보지 못해서

―「도전과 응전」 부분

아침 출근 시간의 지하철 풍경에 대한 묘사이다. 매우 리얼하다. 하지만 이런 묘사는 신동재만이 할 수 있는 건 아니다. 이 비슷한 그림을 현대의 수많은 시에서 볼 수 있을 것이다. 가령, 에즈라 파운드의 유명한 시, 「지하철 정거장에서(In a Station of the Metro)」(1913)의 전문

군중 속에 출몰하는 저 표정들

축축하고 검은 어느 가지에 매달린 꽃받침들

The apparition of these faces in the crowd:

Petals on a wet, black bough.

의 암울한 이미지가 현대인의 재앙적 운명을 암시한다면,

지하철역 스크린도어 열리고

닫힌다

내가 스마트폰을 찾는 사이

열차

날아갈 듯 핏빛 눈빛들

— 김경후, 「단풍」(『울려고 일어난 겁니다』, 문학과지성사, 2021) 부분

같은 시구는 지하철의 폭주를 승객들의 "핏빛 눈빛"을 통해서 현대 한국인의 필사적인 집념에 연동시키고 있다. 심리적 두께로 보자면 신동재의 저 구절은 이들보다 얇은 편이다. 그러나 묘사의 직접성이 독자를 곧바로 현장으로 끌어당긴다는 점에서 그의 시는 시 자체를 각성시키는 솜씨를 보인다.

마치 광풍에 휩쓸려 다니는 풀더미 같은 승객들의 신세를 묘사한 다음, 시인은 곧바로 다음 시구를 이탤릭체로 제시한다.

풀이 눕는다
바람 부는 대로 몰아치는 대로
누워 버린다

이 시구가 김수영의 「풀」의 패러디라는 걸 모를 한국 독자는 없을 것이다. 「풀」의 시인은 이렇게 노래했었다.

풀이 눕는다
바람보다도 더 빨리 눕는다
바람보다도 더 빨리 울고
바람보다 먼저 일어난다

김수영의 시구에는 동풍에 저항하는 풀의 인내와 성찰과 의지와 재주가 차곡차곡 포개져 있다. 그런데 젊은 시인은 그런 과정을 시작조차 할 수 없는 현실에 절망한다. 그래서 적나라한 사정을 그냥 뱉어 버리는 것이다.

　이 순간 시는 직니라한 직정의 수준으로 격하한다. 그러나 그 덕분에 문득 독자는 여기에서 시의 역할에 대한 근본적인 재성찰을 요구받게 된다. 이런 현실에서 저렇게 훌륭한 시의 기능이 아무 소용이 없다면 시란 쓰고 읽을 이유가 있는 것일까? 그럼에도 불구하고 시가 씌어진다면, 시는 무엇을 할 수 있단 말인가?

　그와 같은 당혹감을 다음 시구도 가리키고 있다.

　　옛 6학년 제자가 세상을 떠났다는 연락을 받았다

　　가속페달을 세게 밟았다

　　갑자기 핸들이 굳었다
　　이렇게 경직돼 버린 건 무엇이 아픈 탓인 걸까
　　　　　　　　　　　　　　　－「제너레이터」 부분

　게다가 제목이 "제너레이터"다. 이런 당혹스런 현실에선 삶의 에너지가 고갈된다는 얘기를 암시하고 있다.

　그러니 그가 "무슨 시가 필요합니까 일기 쓰면 충분하죠"라고 데통스럽게 일갈하는 것에 이유가 있다(「한 방 같은 건 필요 없어요」). 바로 여기가 신동재 시의 출발점인 듯하다. 시론들을 모두 제로로 돌리고 일상어의 차원에서 다시 시작하는 것.

방향 전환의 이유와 효과

그의 시의 안쪽으로 들어가기 전에 독자는 이런 전환의 타당성을 물어봐야 할 것 같다. 정말 현실은 시적 음미를 사치로 여기게끔 할 정도로 타락해 있는가? 여기에는 시인의 개인적인 체험과 그가 수행하는 직업으로부터 오는 집단적인 체험이 결합되어 있다. 그의 개인적인 체험에는 시인이 성숙기에 거친 급우들로부터 폭력을 당한 경험을 비롯 음전한 태도의 인물이 현실의 광포성에 희생당하고 상처를 입었던 사건들이 축적되어 있다. 그 사건이 「공간력」에 범례로 제시되어 있다.

다른 한편 집단적 체험은 그가 교사라는 사실에 의해서, 오늘날 특정한 집단에 대한 광범위한 편견, 즉 '만인에 의한 소수인에 대한' 위협과 폭력의 대표적인 상황을 투영한다. 그것이 가장 적나라하게 제시된 시는 표제 시인 「마콤」이다. 시의 각주를 보면 '마콤'이란 "네가 서 있는 곳"이란 뜻의 히브리어라고 한다. 즉 이런 일상적 위협의 상태에 자신이 놓여 있다는 것이고, 그 점에서 그의 체험은 절실한 관여성을 획득한다는 것이다.

이렇게 개인적 체험과 직업적 상황이 두 개의 축으로 작용하면서, 이것들은 일종의 이중 슬릿이 된다. 다시 말해 이 두 개의 슬릿을 통과하면서 세상의 모든 경우들은 삶의 비생식성을 증거하는 사례들로 '생의 의미'의 벽면에 간섭 무늬를 그린다. 그렇게 해서 개인적 체험과 직업적 상황을 넘어 상황들 일반으로 확산된다. 그 한끝에 다음과 같은 시구가 씌어진다.

> 회중석에 앉아 목사님의 설교를 들었다
> 정의로움이 말투라면 그 목사님의 말투였다
>
> 그는 불의한 것을 향하여 호통을 치는 사람
>
> 정의롭지만 좀처럼 정들기 어렵던 그 목사님은
>
> 회중석을 보며 이렇게 외쳤다
> 정의!
> 정직!
> 사기꾼!
> 그리고
> 위선자!
> 나는 그 말을 마친 그의 양어깨를 한참 쳐다보았다
>
> 연보함에 헌금 봉투를 넣는데
> 문득 나의 이마가 풀칠된 것처럼 가슴 한편이 답답했다
> ─「내용 + 형식─I assuage my pain with great aplomb」 부분

요컨대 세상은 진리를 제 것으로 삼는 자들의 위선으로 시끄러운 것이다. 시인과 같은 보통 사람들은 그들의 "호통"에 짓눌려 산다. 짓눌려 살 뿐 아니라, 그들에게 한없이 공물을 바치며 산다. 그게 꾸지람을 듣지 않는 방책이 되는 것이다.

흥미로운 것은 이런 상황의 일반화를 촉진시키는 데 그의 현학 취미가 강력한 기능을 발휘한다는 것이다. 가령 이런 시구를 보자.

    줄리언 제인스가 말했다

    좌우 반구 측두엽이 역할놀이를 한다고

    두물머리에서
    북한강과 남한강의 롤플레이
    이편과 저편을
    넘나드는
    오늘의 일용할 노래가 나를 휘몰아치게 한다

    어떤 노래에선 '좋아'라는 말만 반복됐다

    '너무 좋아'가 '어쩜 좋아'가 되는 순간
    하고 싶은 대로 지르며 달렸다
                              —「하는 척하기」부분

이 시구도 두 상황("너무 좋아"와 "어쩜 좋아")을 양축으로 두고 '삶의 안 좋음'을 반어적으로 도출해 내고 있다. 그런데 이 반어성을 도출해 내는 기능을 맡고 있는 것은 인용된 시구의 첫 두 행의 '줄리언 제인스'의 학술적 견해에 대한 소개이다. 줄리언 제인스는 독립적 학자이다. 독창적인 아이디어를 개진하고 있으나 학계 주류의 일반적인 이해의 흐름과는 동떨어져 있었다. 이런 학자의 견해를 알고 있다는 것은 앎에 대한 이중의 과시에 해당한다. 즉 일반적 지식과 독창적 지식을 다 알고 있다는 신호이다.

신동재의 시들에는 이런 현학적 자랑으로 기능하는 정보들이 자주 출몰한다. 첫 시의 제목부터 "올라"이다. 사람 이름인가 했더니, 주석이 붙어서 "올라(olah): 히브리어. 번제(燔祭)."라고 쓰고 있다. '번제'를 가리키기 위해서 특별히 이 히브리어 용어가 필요한 까닭이 있나? 그래서 시 안에 'Jubilee'가 무엇인지 찾았다. 이 역시 "히브리어에서 유래한 단어로, 어떤 특정한 해의 기념 축제나 특별한 행사를 뜻하며, 50년마다 돌아오는 종교적 행사에서 시작되어 빚진 노예의 해방과 땅의 회복을 의미하기도 했다"고 구글의 AI '제미나이'가 친절히 알려 준다. 그런 훌륭한 뜻의 단어가 동원되었다고 해서, 그 시의 암울한 분위기가 바뀌는 건 아니다. 시집의 제목만 해도 그렇다. '마콤'은 그리 대단한 뜻을 가진 것도 아니다. 그런 의미를 표기하기 위해 그 단어가 꼭 필요한 것도 아니다. 그럼에도 불구하고 이런 현학적 용어들을 남발하는 까닭은 무엇인가?

여기에서 과시욕만을 본다면 시를 충분히 이해하지 못한 것이라 할 수 있다. 요점은 이 용어들이 그 내용에 의해서가 아니라, 그 지위에 의해서 기능한다는 것이다. 즉 이 용어들은 특이한 앎까지 포괄하는 보편적 앎을 여는 통로의 역할을 한다. 즉 지식의 창발성과 확증성을 동시에 담당하면서, 앞에서 보았던 그의 현실 인식을 확증으로 굳혀 주는 기능을 하게 되는 것이다.

시인의 현실 인식은 이렇게 정보들의 확산적 상호 조응의 양상을 통해서 일반화된다.

의미 불발들 사이에서 개간되는 생산지
그런데 이런 인식은 현실의 무의미를 고발하는 일에 바쳐진다. 지식의 증대는 무의미의 포화를 유발한다. 그래서 이런 시구가 나온다.

> 낭만주의 시인들의 모토는 '이 세상 밖이면 어디라도'였다
> 오늘 너의 모토는 '그냥 어디라도'였다 제발 알잘딱깔센하게
> ─「기믹」 부분

앞에서 시인의 개인적 체험과 직업적 상황이 이중 슬릿이 되어서 현실 인식의 간섭 무늬들을 만든다고 말했다. 이는 비유로써 사용되었지만 진의를 담고 있기도 하다. 즉 이 간섭 무늬라는 용어는 의미의 생성을 차단한다는 뜻이기도 하다. 시인은 그런 운명을 데뷔 때부터 감지하고 있었던 듯하다.

등받이를 젖히고 천장을 봅니다
아직 다 그어지지 않은 가로선, 세로선이 만나고 있을지 모릅니다
'미지'라고 발음하면 아는 것은 없어지고 모르는 것만 떠오릅니다
잉크는 넘치는데 그릴 수 없는 면적이 이렇게 넓습니다
정말로 지도는 잉크로 그리는 것이 맞습니까?
―「노바 젤란디아」 부분

'미지'를 외칠수록 무지는 증대한다는 것이다. 그런데 여기에 희한한 출구가 있다. 그건 지금까지 독자가 살펴본 신동재식 시작이 가지고 있는 또 하나의 기능이다. 그것은 바로 무의미를 끊임없이 '말'한다는 것은 생의 에너지를 증대시키는 행위이기도 하다는 것이다. "잉크는 넘치는데 그릴 수 없는 면적이 이렇게 넓습니다"라는 구절이 가리키는 바이다.

게다가 그냥 잉크(에너지)만 넘치는 게 아니다. 넘치는 잉크를 느낄수록, "그릴 수 없는 면적"에 대한 인지는 더욱 강화되어 그가 '그려야 할' 세상의 넓이는 더욱 확장한다. 그러니 앞에서 확산하는 지식 조응이라고 말했던 것이 단순히 무의미에 대한 인식의 증대만을 가리키는 게 아니었다. 그것은 무의미하다고 판단된 공간을 넓히는 일이었고, 그만큼 시인이 정복할 영역이 커지고 그의 생의 가능성 역시 점증한다.

방금 읽은 「노바 젤란디아」는 '의자'에 앉은 자세를 통해서 그 가능성이 생성되는 방식을 흥미롭게 보여 준다. 화자

는 의자에 앉는다. 그의 행동은 질문에 대답할 의무를 불러일으킨다. 이것은 그의 오랜 경험으로부터 온 것이 분명하다. 그 경험 속에서 그는 매번 똑같은 대답을 수없이 되풀이했을 것이다. 대답의 동일성은 의미를 생성 쪽으로가 아니라 폐색 쪽으로 몰고 간다. 그런 마음이 자신이 앉은 자세에 그대로 투영된다. 의자에 앉는다는 것은 세상의 상투적인 관념에 굴복하는 것이다. 그런 굴욕감이 등받이에 기댄 몸을 쏘삭인다. 그래서 그는 "등받이를 젖히고 천장을" 본다. 의자에 앉은 자세 자체에 요동을 주는 행위이다. 그렇게 일단 흔들거리니, 자신의 인생이 보인다. 위의 시구에서 인용한 대로 지식의 선은 채 그어지지 않은 채로 "아는 것은 없어지고 모르는 것만 떠오"르며, "잉크는 넘치는데 그릴 수 없는 면적이 이렇게 넓"다는 게 보이는 것이다.

그 순간 의자에 앉은 자세는 둘로 분할한다. 하나는 앞에서 익히 보았던 것처럼 의자가 의자들로 복제되는 것이다. 그 복제와 더불어 의자들 자체가 '나'를 굴복시키고자 하는 타인들이 된다. 다른 한편으로는 의자로부터 벗어나고 싶어 불끈거리는 엉덩이에 "육각 렌치같이 힘"이 뭉친다. 의자들은 타인들, 즉 세상의 상투성에 주저앉는 자들의 의자로 확대되고, 그 확대되는 것이 타인들이라는 느낌이 오는 순간 반발력은 증대된다. 그 증대가 임계점에 가까워지면서 동작의 근본적인 변화가 일어난다.

　　등받이를 박차고서 가 버릴까

    기댈 수 있다고 믿었는데 의자가 나를 뱅글 돌립니다
    갤리온이 기울고 있습니다
    나는 육각 렌치같이 힘주어 섰습니다
―「노바 젤란디아」 부분

  의자는 회전하고, 세상은 기울고, '나'는 일어선다. '빙글빙글 도는 의자'가 이렇게 놀라운 변화를 일으킨 것이다. 옛날의 가요는 "임자가 따로 있나 앉으면 주인이지"라면서 의자를 차지할 것을 권하지만 오늘의 시는 의자라는 주저앉히는 물건을 비상의 기구로 만들고 싶어서 안달하게끔 한다.

    마스트가 지탱해야 하는 삼각돛의 무게, 의자는 날 수 없나요
    나는 쉴 새 없이 주먹을 돌리며 원주민들이 보낸 부메랑같이 날아갔습니다
―「노바 젤란디아」 부분

  이 행동이 의미 생성의 단초를 찾았다고 보기는 어렵다. 그가 "부메랑같이 날아"갔다는 것은 그의 비상 시도가 의자 쪽으로 도로 날아가 고꾸라졌다는 것을 가리킨다고 봐야 할 것이다.
  그러나 그 직전까지는 간다. 그의 엉덩이가 지탱하는 선자세는 아주 뚜렷하다. 그리고 이것은 아주 중요한 것이다. 왜냐하면 '그 직전'이라고 표시된 곳에서 그는 지금 버티고 있기 때문이다. 다시 간섭 무늬들로 돌아가 보자. 의미 생

성의 실패를 알리는 이 무늬들은 강박적으로 반복 출현한다. 그러나 시인의 태도가 강한 의지를 품고서 버틸 때 무늬들의 가장자리는 지저분하게 흐트러지지 않고 깔끔한 선을 그린다. 그리고 그 깔끔함에 의해 무늬들 사이의 공백 지대를 선명한 장소로 만든다. 다시 말해 의미의 씨앗들이 자라날 토양으로 부각되는 것이다. 그것은 마치 세포들 사이의 '세포 외 공간'이 넓어질수록, 세포들의 충돌을 방지하고 호르몬의 이동을 용이하게 하는 통로로 기능하는 것에 비유할 수 있다.

그런 시들이 무의미를 반복적으로 현상하는 시편들 사이에서 뚜렷한 고랑처럼 새겨진다. 가령 「홉스」의

> 앞사람이 고개를 끄덕이고 있다면
> 나는 그의 등에 피켈을 박고는
> 거짓말처럼 올라가도록 하겠습니다

와 같은 단호한 태도는 「총기 허용 국가」에서의

> 그러나 엉덩이는 너덜거리고 빛이 불길하게 떨리기 시작했습니다

의 떨리는 엉덩이를 수습하고, "나의 망설임도 날아가 버"리도록 하고, 그다음 시 「V」의 "귀에 웅웅대는 계이름이 많아지"는 상황에서

이 기억은 화음이 될 것 같아서

"슈미더처럼 번호를 붙여" 두는 행위에 의해서 생존을 위한 힘으로 작동하게 되는 것이다. 이 세 편들 사이에는 상호 제어의 힘이 작용하며, 이를 통해 중간의 지대를 생산지로 개척한다. 이는 무의미를 반복 생산하는 지식 정보의 무한정 확산과 대비된다. 이 두 작동의 긴장이 결국은 신동재의 시를 진화시킬 것이다. 필자는 전자의 작동이 더욱 활성화되기를 바란다.